Die Entwicklung von Felix Mendelssohn Bartholdy muß stets im Zusammenhang mit seiner Familie, mit seinem Elternhaus gesehen werden. Sie bot dem jungen Komponisten Möglichkeiten, sich zu entwickeln, wie sie nur wenigen Künstlern zuteil wurden. »Jetzt hört alle zu«, jener Satz, mit dem der Zwölfjährige seine erste Beschreibung Goethes beginnt, gilt dem von der Familie gebildeten Auditorium, und so wie sie seinen Briefen zuhörten, genauso lauschten sie seinen ersten Kompositionen, die ihre Bewährungsprobe vor den Ohren der Familie zu bestehen hatten.

Bei den Mendelssohns, und in diesem Buch soll nur von den ersten drei Generationen gesprochen werden, hat sich der Begriff Familie schon früh mit Abraham und Lea und ihren vier Kindern verbunden. Da ist der Stammvater, Moses Mendelssohn aus Dessau, der große jüdische Philosoph Deutschlands, das Vorbild des Nathan im Drama seines Freundes Lessing. Seinem Sohn Abraham, Bankier in Hamburg und Berlin, gelingt es, in der maßgeblichen Schicht Preußens Fuß zu fassen, und sein Haus wird ein gesellschaftlich kulturelles Zentrum im damaligen Berlin. Sein Sohn Felix wird als das bedeutendste musikalische Wunderkind nach Mozart angesehen, doch auch die Tochter Fanny, lange verkannt und erst heute als Komponistin wiederentdeckt, gehörte zu den wichtigsten Talenten ihrer Zeit.

In diesem Buch wird das Leben und Schicksal einer großen deutschen Familie packend nacherzählt. Es zeigt Leben und Werk der Mendelssohns in bisher meist unveröffentlicht gebliebenen Bildern.

Eckart Kleßmann, 1933 in Lemgo geboren, war Sortiments- und Verlagsbuchhändler, Lektor und Redakteur und ist seit 1977 freier Schriftsteller. Er lebt in der Nähe von Hamburg.

insel taschenbuch 1523
Eckart Kleßmann
Die Mendelssohns

Eckart Kleßmann

Die Mendelssohns

Bilder aus einer deutschen Familie
Mit zahlreichen Abbildungen
Insel Verlag

insel taschenbuch 1523
Erste Auflage 1993
Insel Verlag Frankfurt am Main und Leipzig
© 1990 Artemis Verlag Zürich und München
Lizenzausgabe mit freundlicher Genehmigung des Artemis Verlags
Zürich und München
Hinweise zu dieser Ausgabe am Schluß des Bandes
Vertrieb durch den Suhrkamp Taschenbuch Verlag
Umschlag nach Entwürfen von Willy Fleckhaus
Satz: MZ-Verlagsdruckerei GmbH, Memmingen
Druck: Nomos Verlagsgesellschaft, Baden-Baden
Printed in Germany

7 8 9 10 11 – 04 03 02

Inhalt

Vorwort

Seit 1879 Sebastian Hensels so überaus erfolgreiches und immer wieder aufgelegtes Buch »Die Familie Mendelssohn« erschien, ist über das Phänomen dieser ungewöhnlichen deutschen Familie immer wieder nachgedacht und geschrieben worden. Vor allem hat noch jeder Biograph von Felix Mendelssohn Bartholdy darüber Betrachtungen angestellt, welchen Einfluß die Familie auf das junge Genie gehabt habe und ob es denn überhaupt ohne seine Familie zu denken sei.

Es ist hier nicht die Rede von der Sippe der Mendelssohns, der weitverzweigten und weitverbreiteten Nachkommenschaft von Moses Mendelssohn bis auf den heutigen Tag. Familie meint die Vereinigung von Vater, Mutter und Kindern, die gemeinsam unter einem Dach leben, zuweilen auch mit Großeltern oder engeren Verwandten zusammen. Bei den Mendelssohns – und hier soll nur von den ersten drei Generationen gesprochen werden – hat sich der Begriff Familie schon früh mit Abraham und Lea und ihren vier Kindern verbunden. Moses, der Stammvater aus Dessau, begegnet uns zuvörderst als der große jüdische Philosoph Deutschlands. Über sein Familienleben ist wenig gesprochen worden, wohl aber von seiner Liebe zu seiner Frau Fromet Gugenheim, obwohl er gewiß seine Kinder sehr geliebt hat. Bei den sechs Kindern, die Moses und Fromet überlebten, liegt das Familienleben vielfach im dunkeln, ausgenommen eben bei Abraham, der sich selber mit dem Satz charakterisierte: »Früher war ich der Sohn meines Vaters, jetzt bin ich der Vater meines Sohnes.«

Die Entwicklung von Felix Mendelssohn Bartholdy muß

stets im Zusammenhang mit seiner Familie, mit seinem Elternhaus gesehen werden; sie boten dem jungen Komponisten eine Entwicklungsmöglichkeit wie nur wenigen Künstlern. »Jetzt hört alle zu«, jener Satz, mit dem der Zwölfjährige seine erste Beschreibung Goethes beginnt, gilt dem von der Familie gebildeten Auditorium, und so, wie sie seinen Briefen zuhörten, genauso lauschten sie seinen ersten Kompositionen, die ihre Bewährungsprobe vor den Ohren der Familie zu bestehen hatten, wobei die beste und kundigste Kritikerin die ältere Schwester Fanny war. Auch die wiederum unterstand dem Schiedsspruch der Familie, die es lange verhinderte, daß Fanny als namhafte Komponistin an die Öffentlichkeit trat.

Familie bedeutet Geborgenheit, Vertrautheit, Schutz vor möglicher Bedrohung, und sie ist den Juden gerade in der Diaspora stets besonders wichtig gewesen. Umgeben von einer ihnen feindlichen, oft genug nach dem Leben trachtenden Umwelt, bildete die Familie die Fluchtburg, die Gemeinschaft in Sprache und Glaube. Diese Gemeinschaft zu verlassen, indem man durch Konversion in die christliche Gemeinschaft eintrat und dabei Glauben und Sprache zurückließ, war ein ganz außerordentlicher Schritt. Gedankt wurde es einem nicht. Moses' erste Tochter Brendel, die spätere Dorothea Schlegel, wurde genug angefeindet, und auch der junge Felix Mendelssohn Bartholdy, im evangelischen Glauben aufgewachsen, mußte sich von einem rotznäsigen Preußenprinzen als »Judenjunge« anpöbeln lassen und war auch in seinem späteren Leben nie vor antisemitischen Beleidigungen sicher.

Daß Abraham Mendelssohn dem musikalischen Talent seiner hochbegabten Tochter Fanny nur den Rang einer

Freizeitbeschäftigung einräumen wollte, hatte nicht nur mit der Arroganz des Mannes gegenüber der weiblichen Kreativität zu tun. Abraham, der erst 1822 zum Christentum übergetreten war (seine Kinder hatte er 1816 taufen lassen), mußte daran gelegen sein, ein besonderes Aufsehen durch seine komponierende Tochter zu vermeiden. Denn jedes Aufsehen provozierte wieder Judenfeindlichkeit, und der Antisemitismus in Preußen war zu jener Zeit groß.

Der vierzehnjährige Moses aus Dessau mußte ohne den Schutz, ohne die Geborgenheit der Familie aufwachsen, er fand beides dafür in der Sprache, in der er sich bald so eloquent auszudrücken verstand wie so mancher Deutscher nicht, der verächtlich auf den Juden herabsah. Auch seinen Kindern und Enkeln fehlte es nicht am Vermögen, zu formulieren und bildhaft zu schreiben. Doch angesichts eines stets lauernden Judenhasses bot die Sprache nur bedingt Sicherheit. Die fanden die Mendelssohns am ehesten im liebevollen Zusammenhalt von Familie und Verwandtschaft, so sehr, daß die 800 Seiten, auf denen der Urenkel Sebastian Hensel ihre Geschichte erzählte, so etwas wie ein deutsches Hausbuch werden konnten, so etwas wie *die* deutsche Familiengeschichte schlechthin.

Unser Buch möchte die ersten drei Generationen der Mendelssohns in Bildern dokumentieren. Dieser Versuch ist neu. Der Text hingegen beansprucht weder, neue Materialien zu bringen, noch eine neue Perspektive. Er will und kann auch keine Biographie ersetzen, sondern möchte einzig als Einführung in die Materie verstanden werden. Der begrenzte Seitenumfang ließ es nicht zu, auf das musikalische Schaffen von Felix Mendelssohn Bartholdy näher einzugehen; hier leisten die in den letzten Jahren erschienenen Monographien, die leicht zu beschaffen sind, gründliche Arbeit; sie sind in der Bibliographie genannt. Zu danken für ihre Unterstützung und wertvollen Hinweise habe ich dem Mendelssohn-Archiv in Berlin (West) und seinem Leiter Hans-Günter Klein, desgleichen Hans Christoph Worbs (Hamburg) und Thomas Wach (Thalwil), dem Urenkel von Felix Mendelssohn Bartholdy.

Eckart Kleßmann

Ein Jude in Preußen

Moses Mendelssohn, gemalt von Johann Christoph Frisch,
1786. Diese Fassung des Portraits geht auf ein um 1780
entstandenes Gemälde Frischs zurück. Seinem Maler
schrieb der Philosoph am 8. Oktober 1785 in das damals so
beliebte Stammbuch: »Natur, von Vernunft geleitet, be-
geistert den weisen Künstler, wenn er arbeitet; Vernunft,
von Natur geleitet, ergötzt ihn, wenn er ruhet.«

Der Vierzehnjährige, der da im September oder Oktober (genau weiß man es nicht) 1743 vor dem Rosenthaler Tor Berlins stand, muß das Gefühl gehabt haben, eine unbekannte und sehr aufregende Welt zu betreten. Er kam aus Dessau im Kurfürstentum Sachsen und nannte sich Mausche ni-Dessau (Moses aus Dessau) und erst sehr viel später Moses Mendelssohn – Moses, der Sohn des Mendel –, denn er war am 6. September 1729 in Dessau als Sohn des Thoraschreibers und Kinderlehrers Mendel und seiner Ehefrau Süße (Sara) zur Welt gekommen. Bürgerliche Namen besaßen Juden damals noch sehr selten, sie gehörten ja auch nicht zur bürgerlichen Gesellschaft, die einen christlichen Glauben voraussetzte, wollte man einer der ihren sein. Die Geschichte des Moses Mendelssohn ist die Geschichte eines Menschen, der in dieser Gesellschaft aufstieg, ohne ein Christ zu werden, der sich selber treu blieb und dem Glauben seiner Väter und am Ende seines 57 Jahre währenden Lebens zu den angesehensten Männern Deutschlands gerechnet wurde.

Juden wurden sonst nicht geachtet. »Heute passierten das Rosenthaler Tor sechs Ochsen, sieben Schweine, ein Jude«, soll im Journal der Wache am Rosenthaler Tor eingetragen worden sein, als dem vierzehnjährigen Moses Einlaß in Preußens Hauptstadt gewährt wurde. Nur durch das Rosenthaler Tor durften auswärtige Juden Berlin betreten, und ein von der jüdischen Gemeinde Berlins bestellter Torschreiber (sie zählte etwa zweitausend Mitglieder bei etwa einhunderttausend Einwohnern) achtete peinlich genau darauf, daß kein Jude die Stadt betrat oder verließ, ohne daß es der Gemeinde gemeldet wurde.

In Preußen regierte seit 1740 König Friedrich II., der sich

als aufgeklärter Monarch und Philosoph auf dem Thron verstand und gern und oft davon sprach, es müßten alle Religionen toleriert werden. Er tolerierte auch die jüdische, ließ sich das aber von der jüdischen Gemeinde mit hohen Abgaben bezahlen. So machten es alle; auch so verhältnismäßig liberale Städte wie Hamburg oder das damals dänische Altona belegten ihre jüdischen Gemeinden mit einer Vielzahl von Sondersteuern und sorgten zugleich dafür, daß Juden der Zutritt zu den meisten bürgerlichen Berufen verwehrt wurde. Allerdings wäre es den Städten Hamburg oder Altona oder auch deutschen und auswärtigen Fürsten nie in den Sinn gekommen, sich für aufgeklärt, philosophisch oder tolerant auszugeben.

Der vierzehnjährige Moses, so erzählt die Anekdote, sei nun vom jüdischen Torschreiber gefragt worden, was er denn in Berlin wolle, und der Junge habe darauf nur mit einem Wort erwidert: »Lernen«. Lernen, das bedeutete für einen Juden damals:

»Schon mit sechs Jahren lernte er aus dem Talmud und seinen Kommentaren. Aber bald erkannte er, daß nicht dies der Weg zum Wissen sei – denn es ist ja nicht möglich, den Sinn eines Satzes zu begreifen, ohne die Grammatik der Sprache zu kennen. Darum lernte er mit großem Fleiße Bibel und hebräische Grammatik. Und zwar lernte er Talmud bei seinem berühmten Lehrer Rabbi David Fränkel, dem Verfasser des Buches Korban Eda – die Bibel aber lernte er ohne Lehrer. Einer seiner Jugendfreunde in Berlin erzählte mir später, er habe fast die ganze Bibel auswendig gekonnt.«

So berichtet es Isaak Euchel, ein jüngerer Zeitgenosse von Moses, der eine Mendelssohn-Biographie in hebräischer Sprache verfaßte. Der genannte Rabbi David Fränkel, der

Lehrer des Kindes Moses in Dessau gewesen, war als Ober-
rabbiner der jüdischen Gemeinde nach Berlin berufen worden, und Moses folgte dem verehrten Lehrer, der den Jungen nicht hatte mitnehmen wollen, weil dieser schmal,
kränklich und verwachsen war. Aber das geistige Feuer, das
in dieser unansehnlichen körperlichen Hülle brannte, über-
wand alle Unzulänglichkeiten der Physis, 57 Jahre lang.

Lernen, das nie ermüdende Bedürfnis, sich Wissen anzu-
eignen und dem Geist stetig neue Nahrung zuzuführen, das
blieb die eigentliche Antriebskraft im Leben von Moses
Mendelssohn. Aber er lernte früh, daß es zwischen Lernen
und Lernen gravierende Unterschiede gab. Denn die ortho-
doxen Juden verfolgten unnachsichtig jeden aus ihrer Glau-
bensgemeinde, der sich ein Wissen aneignen wollte, das
über den Talmud hinausging. Moses Mendelssohn hatte das
rechtzeitig erkannt, und »niemandem verriet er das Geheimnis seiner wissenschaftlichen Bestrebungen, fürchtete
er doch den Grimm der Eiferer« (Isaak Euchel).

Der junge Moses, der Fremdling in Berlin, war auf die
Barmherzigkeit seiner Glaubensbrüder angewiesen, denn
wovon sollte er leben? Beim freundlichen Rabbi Chajim
Bamberger konnte er wohnen, bei seinem so sehr verehrten
Lehrer David Fränkel durfte er an den Feiertagen essen, und
der sorgte auch für weitere Freitische. Dennoch blieb die
Ernährung des schwachen Körpers dürftig genug. »Er selbst
erzählte später im Kreise der Freunde, er sei damals oft in so
bedrängter Lage gewesen, daß er sich manchmal einen Laib
Brot kaufte und sich Zeichen darauf machte, für wieviel
Mahlzeiten das Brot reichen solle. Und dann aß er nicht, bis
er satt war, sondern nur soviel er sich angezeichnet hatte«,
berichtet Euchel.

Aber er lernte. Er machte die Bekanntschaft des vermögenden Arztes Salomon Gumpertz, der ihn in einen Kreis brachte, in dem über philosophische Themen diskutiert wurde. Der junge Moses, der bislang nur den jüdischen Philosophen Maimonides studiert hatte, lernte hier nun Gottfried Wilhelm von Leibniz und Christian Wolff kennen. Ein junger jüdischer Arzt aus Prag, der in Berlin studierte, Dr. Abraham Kisch, »zeigte ihm die Notwendigkeit, Lateinisch zu lernen, wenn er die neue Philosophie wolle kennen lernen«, so Friedrich Nicolai.

Latein war nach wie vor die Gelehrtensprache, im Lateinischen drückte sich die Wissenschaft aus, und von einem Doktoranden wurde nicht nur erwartet, daß er seine Dissertation in lateinischer Sprache verfaßte, sondern deren Thesen auch in der mündlichen Disputation lateinisch zu verteidigen verstand. Der Dr. Abraham Kisch gab ihm ein wenig Lateinunterricht (eine Viertelstunde täglich), und so bescheiden ausgerüstet, wagte sich Moses an die Schriften Ciceros, ja las sogar den englischen Philosophen John Locke in lateinischer Übersetzung, denn an eine Kenntnis der englischen Sprache war überhaupt nicht zu denken. Für einen frommen Juden genügten das Hebräische und das Jiddische. Die deutsche Sprache war verpönt. Als der siebzehnjährige Moses, der an der Lehranstalt für den Talmud Lesen und Schreiben unterrichtete, einen seiner Schüler bat, ihm ein deutsches Buch zu holen, erlebte er, was Glaubensstrenge hieß: »Mit diesem Buche in der Hand begegnete mir ein jüdischer Armenverweser, der mich mit den Worten anfuhr: was hast du da? wohl gar ein deutsches Buch? Sogleich riß er mir das Buch aus der Hand und schleppte mich zum Vogt, dem er den Befehl gab, mich aus der Stadt zu weisen. Mendelssohn, der Kenntnis von meinem Schicksal erhielt, gab sich alle Mühe, meine Rückkehr zu bewirken, allein vergeblich«, so Gerson Jacob Bleichröder, dem dies widerfuhr und dem Mendelssohn das Opfer nicht vergaß: »Er schaffte mir später eine Stelle auf der damaligen Talmudschule zu Halberstadt, und ich verdanke ihm mein zeitiges Wohl.«

Mit 21 Jahren wurde Moses Mendelssohn dem reichen Seidenhändler Isaak Bernhard als Hauslehrer für dessen Kinder empfohlen. Vier Jahre unterrichtete er sie, dann stellte ihn Bernhard als Buchhalter in seiner Firma an.

»Liebster Freund! Ein guter Buchhalter ist gewiß ein seltnes Geschöpf. Er verdient die größte Belohnung, denn er muß Verstand, Witz und Empfindung ablegen, und ein Klotz werden, um richtig Buch zu führen. Verdient ein solches Opfer zum Besten der Finanzen nicht die größte Belohnung? – Wie ich heute auf diesen Einfall komme, fragen Sie? Sie können es wohl unmöglich erraten, daß mir des Hrn. von Kleist neue Gedichte dazu Anlaß gegeben. Ich ließ sie mir des Morgens um 8 Uhr kommen. Ich wollte unserm lieben Nicolai eine unvermutete Freude damit machen, und sie mit ihm durchlesen. Allein ich ward verhindert – die ungestümen Leute! Was bringt Er, mein Freund? und Sie Gevattern? und Er, Geselle? Lassen Sie mich heute, ich kann nicht. ›Sie haben ja nicht irgend Feiertage?‹ – Das wohl eigentlich nicht, aber ich bin krank. Es verschlägt Ihnen ja nichts. Kommen Sie morgen wieder. – Diese Leute waren gefällig, allein mein Principal war es nicht. Ich bekam Arbeit bis gegen Mittag. Ich las indessen unter der Arbeit hier und da ein Fleckchen, und da merkte ich es, wie schwer es ist, Empfindungen zu haben, und ein Buchhalter zu sein.«

Der »liebste Freund«, dem Moses Mendelssohn hier so

launig am 27. Februar 1758 schreibt, heißt Gotthold Ephraim Lessing. Der war ganze sieben Monate älter als Moses und Redakteur bei der damals noch sehr bescheidenen »Vossischen Zeitung«. Anfang 1754 hatten sich die beiden jungen Männer durch die Vermittlung von Salomon Gumpertz kennengelernt und sofort aneinander Gefallen gefunden. »Seine Redlichkeit«, schrieb Lessing 1754 an den Göttinger Theologen und Orientalisten Johann David Michaelis, »und sein philosophischer Geist läßt mich ihn im voraus als einen zweiten Spinoza betrachten, dem zur völligen Gleichheit mit dem ersten nichts als seine Irrtümer fehlen werden.«

Schon ein Jahr später reden sie sich in ihren Briefen mit »liebster Freund« an. Daß sie sich in den 27 Jahren ihrer wahrlich innigen Freundschaft niemals das Du der Freundschaft gewährt haben, muß nicht verwundern; das 18. Jahrhundert ging mit dieser vertraulichen Anrede äußerst sparsam um. Auch die Liebesbriefe von Moses Mendelssohn an seine Braut Fromet Gugenheim bleiben bis zur Eheschließung streng beim »Sie«. Noch vier Wochen vor der Hochzeit unterzeichnete Moses mit »Ich bin Ihr aufrichtiger Liebhaber und Freund«. Und das war schon ungewöhnlich genug zwischen jüdischen Brautleuten. Wie hatten sie sich überhaupt kennengelernt?

Aaron Emmerich Gumpertz, der Freund und Gönner des jungen Moses, war von Berlin nach Hamburg gezogen, der Stadt mit der größten jüdischen Gemeinde im Reich. Gumpertz wohnte im Haus seines Verwandten, des Kaufmanns Abraham Gugenheim, und dort begegnete Moses bei einem Besuch im Frühjahr 1761 der vierundzwanzigjährigen Tochter Fromet. Der um acht Jahre Ältere, der inzwischen schon seine ersten Schriften veröffentlicht hatte, verhielt sich gegenüber Fromet, in die er sich rasch verliebt hatte, schüchtern, ja geradezu hilflos. »Des Morgens«, so gestand er später »habe ich meiner Braut mit niedergeschlagenen Augen gewünscht wohl geruht zu haben. Des Tages haben wir einige Stunden moralisiert, da habe ich ihr schon dreiste unter die Augen gesehen. Denn und wenn habe ich sie wider die Attacken mutwilliger Leute defendiert. Des Abends habe ich mit ihr an einem Tisch gespeist, und endlich nach einem vielstündigen Gespräch eine angenehme Ruh gewünscht.«

Ganz außer sich vor Liebesglück schrieb Moses Mendelssohn Mitte Mai 1761 an Lessing: »Unser Briefwechsel ist lange genug unterbrochen gewesen. Ich muß ihn nunmehr erneuern. Ich würde nimmermehr so lange haben schweigen können, wenn ich nicht eine Reise nach Hamburg getan hätte, die mich in tausend Zerstreuungen verwickelt hat. Ich habe das Theater besucht, ich habe Gelehrte kennen lernen, und was Sie nicht wenig befremden wird, ich habe die Torheit begangen, mich in meinem dreißigsten Jahre zu verlieben. Sie lachen? Immerhin! Wer weiß, was Ihnen noch begegnen kann? Vielleicht ist das dreißigste Jahr das gefährlichste, und Sie haben dieses ja noch nicht erreicht. Das Frauenzimmer, das ich zu heiraten willens bin, hat kein Vermögen, ist weder schön noch gelehrt, und gleichwohl bin ich verliebter Geck so sehr von ihr eingenommen, daß ich glaube, glücklich mit ihr leben zu können. An Unterhalt, hoffe ich, soll es mir nicht fehlen, und an Muße zum Studieren werde ich mir's gewiß nicht fehlen lassen. Zum Hochzeitkarmen sollen Sie noch ein ganzes Jahr Zeit haben, aber alsdann muß Ihre reimfaule Muse die staubigte Leyer wie-

Gotthold Ephraim Lessing. Gemälde von Anton Graff, 1771. Lessing hatte, nach einigen Jahren in Hamburg, 1770 in Wolfenbüttel das Amt eines herzoglich Braunschweigischen Bibliothekars angenommen. Mit Moses Mendelssohn wechselte er Briefe und fragte während dessen Krankheit 1771 wiederholt die Freunde: »Wie befindet sich unser Moses?«

Fromet Gugenheim (1737-1812). Druck nach einer 1767 angefertigten Miniatur. Fromet war die Tochter des Hamburger Kaufmanns Abraham Gugenheim, einem Urenkel des Wiener Hofbankiers Samuel Oppenheim. Moses Mendelssohn lernte Fromet im Frühjahr 1761 bei einem Besuch Hamburgs kennen und verliebte sich sofort in sie. Beide heirateten ein Jahr später; es wurde eine glückliche Ehe. Nach dem Tod von Moses zog Fromet nach Neustrelitz und später nach Hamburg.

Ein Brief von Moses Mendelssohn an Fromet Gugenheim vom 7. August 1761. Die Brautbriefe Mendelssohns sind jiddisch in hebräischer Schreibschrift abgefaßt. »Wenn ich auch der Mensch wäre, der Verdruß auszustehen hätte, so würden mich doch Ihre Briefe, und Ihre Briefe allein, vergnügt machen. Die sanfte Zärtlichkeit, die in allen Ihren Ausdrücken herrscht, würde die ausgelassenste Leidenschaft besänftigen können.«

◆◆ *Daß Sie den Shaftesbury mehr als ein Mahl lesen, ist mir sehr angenehm. Sie können aus diesem kleinen Büchlein viel lernen, und Sie haben das Glück, den Herrn Doctor noch einige Zeit im Haus zu haben, der Ihr Freund ist, und seinen Unterricht niemals ver-sagt, wie ich solches aus Erfahrung habe. Ihm allein habe alles zu danken, was ich in Wissen-schaften profitirt habe. Es gebührt also niemanden als ihm, meine andre Hälfte zu bilden, und sie der ersten conform zu machen. Ich werde Ihnen nächstens andere nützliche Schriften zu lesen schicken, heute bin ich zum Bücher-Aussuchen zu ungeduldig, denn meine Gedanken sind mehr zu Hamburg als zu Berlin. In der Tat, was hat die Seele mit dem Körper zu tuhn? Kann der Körper nit zu Berlin, und die Seele zu Hamburg seyn? Lachen Sie nit, Herr Doctor! über meine verliebte Philosophie! Glauben Sie, daß wir Philosophen alle eine seltsame Figur machen, wenn wir verliebt thun wollen. Und also bleibt es dabey, daß meine Seele zu Hamburg ist, und ich den Vergnügungen bey-wohne, die in der so angenehmen Gesellschaft vorgenommen werden. Leben Sie wohl, liebste Fromet! und erinnern sich beständig, daß mein Geist in Ihrer Stub herum-schwärmt. Ich verharre Ihr unveränderlicher Verehrer und Freund*

ha-koton Mausche ni-Dessau.

der ergreifen; denn wie könnte ich unbesungen Hochzeit machen?«

Eine vielzitierte Anekdote erzählt uns, Fromet sei anfangs von ihrem Verehrer nicht sehr entzückt gewesen, denn Moses war klein und verwachsen. Beim Abschied von Fromet habe sie ihn gefragt: »Glauben Sie auch, daß die Ehen im Himmel geschlossen werden?« Worauf Moses geantwortet habe: »Gewiß, und mir ist noch was Besonderes geschehen. Bei der Geburt eines Kindes wird im Himmel ausgerufen: Der und der bekommt die und die. Wie ich nun geboren wurde, wird mir auch meine Frau ausgerufen, aber dabei heißt es: Sie wird, leider Gottes, einen Buckel haben, einen schrecklichen. Lieber Gott, habe ich da gesagt, ein Mädchen, das verwachsen ist, wird gar leicht bitter und hart, ein Mädchen soll schön sein, lieber Gott, gib mir den Buckel, und laß das Mädchen schlank gewachsen und wohlgefällig sein.« Worauf Fromet ihm um den Hals fiel.

War es so? Nun, wir wissen es nicht und wollen die schöne Geschichte gern glauben, bestätigt sie uns doch das auch sonst bezeugte Zartgefühl und die Güte des Mannes, der schließlich die geliebte Braut heimführen durfte, und die Liebesbriefe, die er von nun an nach Hamburg schrieb (»Liebste Fromet!«) enthalten nichts, was der schönen Anekdote widerspräche. Und diese Briefe sind ganz und gar ungewöhnlich.

Ungewöhnlich war schon das Verhältnis der beiden zueinander und ihr Umgang. Im jüdischen Alltag jener Zeit wurde nach Zuneigung, gar Liebe zwischen Mann und Frau überhaupt nicht gefragt, wenn es um die Eheschließung ging. Ein solches Lebensbündnis wurde gestiftet von den Eltern, von den Familien, und ward einmal der Handel beschlossen (das Wort ist nicht abschätzig gemeint, so sagte man damals eben), dann drang die Moral darauf, Braut und Bräutigam streng voneinander getrennt zu halten. Oft genug sahen sie sich zum erstenmal bei der Hochzeitszeremonie.

Moses Mendelssohn wollte davon nichts wissen. So wie er als Vierzehnjähriger nach Berlin gefahren war, um zu lernen, aber eben nicht den Talmud, sondern die nichtjüdischen Wissenschaften, so stellte er sich auch hier außerhalb der Konvention. Nicht nur waren er und Fromet einander versprochen, ehe Vater Gugenheim davon erfuhr (der war ohnehin auf Reisen und erst im November 1761 wieder in Hamburg), sondern Moses und Fromet tauschten zweimal wöchentlich zärtliche Briefe; das hatte es im Leben frommer Juden überhaupt noch kaum gegeben und verstieß gegen die strengen Sitten. Selbst gegen den üblichen Ehevertrag sträubte sich Moses, solange es eben ging.

Übrigens war die bürgerliche christliche Gesellschaft so sehr viel anders nicht. Auch hier betrachtete man im 18. Jahrhundert die Ehe zumeist als Zweckbündnis, bei dem man nach Liebe nicht fragte; die Korrespondenz zwischen den Brautleuten mußte oft genug vom Vater der Braut ausdrücklich genehmigt werden, und ein Ehevertrag galt als selbstverständlich. Nur gestaltete sich der Umgang zwischen Frau und Mann alles in allem doch etwas unbefangener als unter den Juden – ausgenommen eben dieser Briefwechsel zwischen Moses und Fromet. Am 9. März 1762, am Tag des Purimfestes, schreibt er:

»Liebste Fromet! Alle Menschen beschenken sich heut, und ich habe Dir nichts zu schenken, aber ein Histörchen will ich Dir erzählen. Einst kam zum Socrates dem Weisen ein Schüler und sprach, Mein lieber Socrates! Wer mit Dir umgeht, bringt dir was zum Geschenk. Ich habe Dir nischt zu schenken, als mich selbst, sey so gut und verschmähe mich nicht. Wie! sprach der weise Mann, achtest Du Dich so gering, daß Du mich bittest, Dich an-zu-nehmen? Nun gut! Ich will Dir ein Rat geben: bemühe Dich so gut zu werden, daß Deine Person das angenehmste Geschenk werden mag. Mein Mährchen ist aus. Auch ich meine liebe Fromet! will mich bemühen so gut zu werden, daß Sie sagen sollen, ich könnte Ihnen nichts Beßeres schenken, als Ihren aufrichtigen Mausche ni-Dessau.«

Die Beschäftigung mit nichtjüdischer Wissenschaft und Literatur und das Studium des Diogenes Laertios, dem er die hier erzählte Anekdote entnahm, bedeutete aber keineswegs eine Abkehr vom Glauben der Väter. Moses Mendelssohn ist bis zu seinem Ende ein gläubiger Jude gewesen, der an den Bräuchen seiner Religion unbeirrt festhielt. Seine Briefe an Fromet Gugenheim schrieb er in hebräischen Schriftzeichen in einer deutsch-jüdisch gemischten Sprache mit eingestreuten hebräischen Ausdrücken. Die Grundsätze jüdischer Lebensführung sind für Moses Mendelssohn verbindlich geblieben, aber niemals in orthodoxer Erstarrung. Fand er einzelne dieser Grundsätze überholt, weil sinnentleert, so schaffte er sie für sich und die Seinen ab. So hielt er es für entwürdigend, wenn Mädchen unwissend gehalten werden sollten, weswegen ihm Fromets Lektüre sehr am Herzen lag: »Wenn Sie mich lieben, so beschließen Sie niemals einen Monat, ohne mir von Ihrer Lektüre, von Ihren Beschäftigungen und von Ihrem Zeitvertreib Nachricht zu geben.« Dabei empfiehlt er Fromet eine Lektüre, die in anderen frommen Judenfamilien wahrscheinlich Entsetzen ausgelöst hätte, Jean Jacques Rousseau zum Beispiel oder Anthony Shaftesbury.

Heiraten konnten Moses und Fromet erst am 22. Juni 1762, denn erst dann bewilligte die preußische Regierung das »Niederlassungsrecht« für ausländische Juden, ohne das es auch eine Heiratserlaubnis nicht gab. »Nun mehr sind Sie so gut als R. Mausche Wesel ein preußischer Untertahn, und müssen die preußische Partey ergreifen. Sie werden also auf gut preußisch alles glauben, was zu unserm Vorteil ist«, schreibt er ihr am 26. März 1762.

Zur Förderung der Berliner Porzellanmanufaktur hatte König Friedrich II. befohlen, daß jeder preußische Untertan für 300 Taler Berliner Porzellan kaufen mußte, wofern er eine Heiratserlaubnis oder das Wohnrecht haben wollte. Dieses Porzellan aber sollten die also Zwangsbeschenkten expedieren, damit die Ware gewinnbringend im Ausland verbreitet würde. Dem Philosophen Mendelssohn verordnete der Philosoph von Sanssouci zur Zwangsabnahme bei der Hochzeit nicht etwa Teller und Tassen, sondern zwanzig lebensgroße häßliche Porzellan-Affen, mit denen Mendelssohn verspottet werden sollte und die überdies auch ganz unverkäuflich waren, denn wer sollte und wollte schon mit diesen monumentalen Nippes etwas anfangen? Soviel zum feinsinnigen Humor eines deutschen Monarchen, der sich eigentlich als Künstler und Philosoph verstand. Wenn es darum ging, Menschen zu schikanieren und zu demütigen, war Friedrich jedes Mittel willkommen.

Das aufgeklärte Berlin

Wahrscheinlich war es Lessing, der seinem Freunde Mendelssohn schon bald auch die Bekanntschaft mit Friedrich Nicolai vermittelte. Der junge Verleger, Buchhändler und Schriftsteller (geboren 1733) verstand sich sofort mit Moses, und die drei Freunde trafen sich regelmäßig zwei- bis dreimal in der Woche zum lebhaften Gedankenaustausch. Der emsige Nicolai gab die »Allgemeine Deutsche Bibliothek« heraus, die »Bibliothek der schönen Wissenschaften« und die »Literaturbriefe«, und Moses Mendelssohn arbeitete hier mit und machte sich dem Publikum als Autor bekannt.

Sein erstes Buch verdankte er recht eigentlich Lessing. Wenn die Anekdote stimmt, dann hatte Lessing dem Freund 1755 eine Abhandlung von Anthony Shaftesbury zu lesen gegeben, von der Mendelssohn nach der Lektüre meinte, dergleichen könne er wohl auch. Lessing ermunterte ihn zum Schreiben, und Mendelssohn gab ihm schon nach kurzer Zeit ein Manuskript zu lesen, das Lessing heimlich bei seinem Arbeitgeber Voss drucken ließ: »Philosophische Gespräche«. Nicht genug damit: Lessing bahnte dem Buch auch als Rezensent den Weg: »Dieses kleine Werk, welches aus vier Gesprächen über metaphysische Wahrheiten besteht, enthält so viel Neues und Gründliches, daß man leicht sieht, es müsse die Frucht eines Mannes von mehrerem Nachdenken als Begierde zu schreiben, sein. Vielleicht würde ein andrer so viel Bücher daraus gemacht haben, als hier Gespräche sind.«

In diesen »Philosophischen Gesprächen« heißt es: »Werden denn die Deutschen niemals ihren eigenen Wert erkennen? Wollen sie ewig ihr Gold für das Flittergold ihrer

Nachbarn vertauschen? Sie könnten sich ja wohl damit begnügen, daß sie größere und die Franzosen artigere Philosophen unter sich haben.« Worauf geantwortet wird: »Gewiß! Leibniz, Wolff und verschiedene ihrer Nachfolger, zu welcher Vollkommenheit haben sie die Weltweisheit gebracht! Wie stolz kann Deutschland auf sie sein! Doch was hilft es, sich mehr zuzuschreiben als recht ist? Lassen sie uns immer gestehen, daß auch ein anderer als ein Deutscher, ich setze noch hinzu, daß auch ein andrer als ein Christ, daß Spinoza an der Verbesserung der Weltweisheit großen Anteil hat.«

Der königliche »Philosoph von Sanssouci« dürfte das schwerlich gelesen haben, denn er nahm Bücher in deutscher Sprache nicht zur Kenntnis, da er sich in ihr nur unzulänglich auszudrücken vermochte. Er bevorzugte das Französische (das er allerdings auch nicht beherrschte) und war davon überzeugt, daß alle Kultur identisch sei mit allem Französischen. Das wußte Moses Mendelssohn, das wußte das geistige Berlin.

Von einem König erwartet man, daß er eine vernünftige Politik betreibt und seinem Staat dient. Daß er die höchste Autorität in künstlerischen und wissenschaftlichen Belangen sei, wird niemand von ihm erwarten. Leider hatte Friedrich als Kronprinz eine miserable Erziehung genossen. Daran war er schuldlos. Nicht schuldlos war er an seiner halbgebildeten Arroganz. Seine Talente als Komponist und Flötenspieler gingen über das Mittelmaß nicht hinaus, wie wir von Carl Philipp Emanuel Bach wissen. Aber er urteilte über die Musik seiner Zeit als Kunstrichter in höchster Instanz. Er war ein drittrangiger Verseschmied, der sich seine Gedichte (und deren Französisch) von Voltaire korrigieren ließ. Aber er saß über die Schriftsteller seiner Zeit zu Gericht, am liebsten über die deutschen, die er weder kannte noch verstand. Er verweigerte Deutschen (etwa Lessing) eine Anstellung und bevorzugte statt dessen untalentierte Franzosen, die er grundsätzlich weit besser besoldete als Deutsche.

Daß es in Berlin damals ein reges Geistesleben gab, lag keineswegs am König. Vielmehr: Es gedieh trotz des Monarchen. Mit ihm hatte es nichts zu tun, der Hof und das Geistesleben hatten einander nichts zu sagen. Johann Wilhelm Ludwig Gleim charakterisierte dieses geistige Leben um 1750 so: »Alles, was zu den Musen und freien Künsten gehört, gesellte sich täglich zueinander, bald zu Lande, bald zu Wasser; was für ein Vergnügen war es, in solcher Gesellschaft auf der Spree mit den Schwänen um die Wette zu schwimmen! Was für eine Lust, in dem Tiergarten sich mit der ganzen Gesellschaft unter tausend Mädchen zu verirren?«

Aber Gleim verließ 1747 Berlin und ging nach Halberstadt, Lessing 1767 nach Hamburg, in jene Stadt, in der man damals so frei leben, reden und schreiben konnte wie nirgends sonst in Deutschland. Von dort schrieb er seinem Freund und Verleger Nicolai die denkwürdigen Sätze:

»Wien mag sein wie es will, der deutschen Literatur verspreche ich doch immer noch mehr Glück als in Eurem französierten Berlin. Wenn der *Phaedon* [Moses Mendelssohns 1767 erschienenes Werk] in Wien confisciert ist, so muß es bloß geschehen sein, weil es *in Berlin* gedruckt worden und man sich nicht einbilden können, daß man in Berlin für die Unsterblichkeit der Seele schreibe. Sonst sagen Sie mir von Ihrer Berlinischen Freiheit zu denken und zu schreiben ja nichts. Sie reduziert sich einzig und allein auf die Freiheit, gegen die Religion so viel Sottisen zu Markte zu bringen, als man will. Und dieser Freiheit muß sich der rechtliche Mann nun bald zu bedienen schämen. Lassen Sie es aber noch einmal einen in Berlin versuchen, über andere Dinge so frei zu schreiben, als Sonnenfels in Wien geschrieben hat; lassen Sie es ihn versuchen, dem vornehmen Hofpöbel so die Wahrheit zu sagen, als dieser sie ihm gesagt hat; lassen Sie einen in Berlin auftreten, der für die Rechte der Untertanen, der gegen Aussaugung und Despotismus seine Stimme erheben wollte, wie es jetzt sogar in Frankreich und Dänemark geschieht: und Sie werden bald die Erfahrung haben, welches Land bis auf den heutigen Tag das sklavischste Land von Europa ist.«

Übertrieb Lessing? Am 17. Februar 1771 ging dieser von Johann Georg Sulzer unterschriebene Brief an Moses Mendelssohn:

»Mein verehrtester Herr! Die königliche Akademie hat mir aufgetragen, Ihnen zu hinterbringen, daß Ihr Wunsch sei, Sie als ordentliches Mitglied der philosophischen Klasse zu besitzen. Sie wünscht also und hofft, daß eine solche Stelle, obwohl jetzt vorderhand keine Pension dabei ist, Ihnen nicht zuwider sein möchte. In diesem Fall wird der Vorschlag an den König morgen abgehen. Seien Sie so gütig, mich wissen zu lassen, ob Sie damit zufrieden sind. Mir würde es besonders angenehm sein, Sie zum Kollegen zu haben.«

Aber die Akademie hatte ihre Rechnung ohne den König gemacht. Der Philosoph von Sanssouci ließ zunächst lange nichts von sich hören, dann aber schickte er die Kandidatenliste mit dem Ausdruck seines Unwillens an die Akademie zurück. Die begriff nicht, was der Monarch wollte, bis der – bei erneuter Vorlage – schließlich höchstpersönlich den Namen des jüdischen Philosophen durchstrich. Warum er Moses Mendelssohn nicht wollte? Könige schulden uns keine Begründung. Er wollte es eben nicht, das mußte genügen. Von Moses Mendelssohn erschien in diesem Jahr die 2. Auflage seiner »Philosophischen Gespräche«, und Christoph Martin Wieland bemerkte: »Wenn etwas wäre, das mich stolz machen könnte, so wäre es gewiß, von einem Mendelssohn gelobt zu werden.«

Friedrich II. sah das eben ganz anders. Die rohe Ablehnung – die deutlich zeigte, was der König von der Berliner Akademie hielt (nämlich gar nichts), und die würdigen Akademiemitglieder kuschten auch sofort, wie nicht anders zu erwarten – traf Moses Mendelssohn in einer kritischen Situation. »Ich befinde mich seit einiger Zeit so übel, daß mir das Lesen und Schreiben völlig untersagt worden«, schrieb er am 9. April 1771 an Lessing. »Noch diesen ganzen Sommer soll ich so musenlos hinbringen, und wie jener König der Menschheit beraubet werden, um unter den wilden Tieren meine Vernunft wieder zu suchen. Leben Sie wohl, mein Freund, und mäßigen Sie Ihren Eifer zu lesen und zu denken, damit Sie desto länger aushalten.«

Moses Mendelssohn war krank.

Jede Krankheit, sagt Novalis, müsse man Seelenkrankheit nennen. Was Mendelssohn krank machte, war eine Verletzung seiner Psyche, die sich organisch artikulierte. Der Anlaß: Johann Caspar Lavater, evangelischer Prediger in Zürich, hatte im Herbst 1769 Moses Mendelssohn öffentlich aufgefordert, zum Christentum überzutreten. Er hatte Mendelssohn bei einem Besuch in Berlin sechs Jahre zuvor persönlich kennengelernt und schickte ihm nun seine gerade fertiggewordene Übersetzung von Charles Bonnets »Untersuchung der Beweise für das Christentum«, der eine Zuneigung an Moses Mendelssohn vorangestellt ist:

»Verehrungswürdigster Herr! Ich weiß die Hochachtung, die mir Ihre fürtrefflichen Schriften und Ihr noch fürtrefflicherer Charakter eines Israeliten, in welchem kein Falsch ist, gegen Sie eingeflößt haben, nicht besser auszudrücken und das Vergnügen, das ich vor einigen Jahren in Ihrem liebenswürdigen Umgange genossen, nicht besser zu vergelten, als wenn ich Ihnen die beste philosophische Untersuchung der Beweise für das Christentum, die mir bekannt ist, zueigne.

Ich kenne Ihre tiefen Einsichten, Ihre standhafte Wahrheitsliebe, Ihre unbestechliche Unparteilichkeit, Ihre zärtliche Achtung für die Philosophie überhaupt und die Bonnetischen Schriften besonders. Und unvergeßlich ist mir jene sanfte Bescheidenheit, mit welcher Sie bei aller Ihrer Entferntheit von dem Christentum dasselbe beurteilen, und die philosophische Achtung, die Sie in einer der glücklichsten Stunden meines Lebens über den moralischen Charakter seines Stifters bezeugt haben; so unvergeßlich und dabei so wichtig, daß ich es wagen darf, Sie zu bitten, Sie vor dem Gotte der Wahrheit, Ihrem und meinem Schöpfer und Vater, zu bitten und zu beschwören: Nicht diese Schriften mit philosophischer Unparteilichkeit zu lesen; denn das werden Sie gewiß ohne mein Bitten, sonst tun; Sondern, dieselben öffentlich zu widerlegen, wofern Sie die wesentlichen Argumentationen, womit die Tatsachen des Christentums unterstützt sind, nicht richtig finden: Dafern Sie aber dieselben richtig finden, zu tun, was Klugheit, Wahrheitsliebe, Red-

Moses an Fromet, 14. August 1761: »Liebste und teuerste Fromet! Sie melden mir nur schlechtweg, Sie wären nit aufgeräumt zum Schreiben, ohne mich die Ursache wissen zu lassen. Glauben Sie denn, liebste Fromet! daß man über diesen Artikel gleichgültig sein kann? Wissen Sie denn nit, daß sich ein empfindliches Herz in dergleichen Fällen tausend beunruhigende Vorstellungen macht, die vielleicht alle ungegründet, aber nichtsdestoweniger beunruhigend sind?«

Johann Caspar Lavater (rechts am Tisch), Gotthold Ephraim Lessing (stehend) bei Moses Mendelssohn. Stich nach einem Gemälde von Daniel Oppenheim (1856). Der Zürcher Prediger Lavater hatte Mendelssohns Bekanntschaft 1763 bei einem Besuch in Berlin gemacht. In einem Brief schrieb er über seinen Eindruck: »Ein Mann von scharfen Einsichten, weisem Geschmack und ausgebreiteter Wissenschaft.« Übrigens war Lessing während Lavaters Besuch nicht in Berlin.

Moses Mendelssohn, gemalt von Anton Graff. Anton Graff (1736-1813), einer der größten Portraitmaler seiner Zeit, malte das Bildnis im Auftrag des Leipziger Buchhändlers Philipp Erasmus Reich. Das Gemälde zeigt den Philosophen zur Zeit des Lavater-Streits und ist eine von mindestens sechs Repliken, die für die Familie Mendelssohn und die israelitische Gemeinde ausgeführt wurden.

lichkeit Sie tun heißen; – was Sokrates getan hätte, wenn er diese Schrift gelesen hätte und unwiderleglich gefunden hätte.

Gott lasse noch viel Wahrheit und Tugend durch Sie ausgebreitet werden; lasse Sie alle das Gute erfahren, das Ihnen mein ganzes Herz anwünscht.«

Der Prediger hat hier offenbar nicht viel nachgedacht, so ist das bei eifrigen Missionaren. Hätten wir ihn gefragt, warum denn Mendelssohn unbedingt öffentlich einen Glauben widerlegen solle (kann man einen Glauben widerlegen?), so hätte er diese Frage gar nicht verstanden. Er hätte auch nicht begriffen, wie außerordentlich taktlos seine ganze Zueignung auf Menschen wirken mußte, denen Lavaters christliche Selbstgerechtigkeit fremd war. Moses Mendelssohn, dem Lavaters Missionarsgeist völlig abging, fand sich in der größten Verlegenheit. Wie dachte sich das der Prediger: Seinen Glauben rechtfertigen zu Lasten der in Preußen herrschenden Religion? Sein Judentum zu betonen in einer ihre Minderheiten hassenden Gesellschaft, die nur darauf wartete, um neue Repressalien zu ersinnen? Das Missionieren ist dem Judentum fremd: »Nach den Grundsätzen meiner Religion soll ich niemand, der nicht nach unserm Gesetz geboren ist, zu bekehren suchen«, antwortete Mendelssohn im Dezember 1769 Lavater. »Dieser Geist der Bekehrung, dessen Ursprung einige so gern der jüdischen Religion aufbürden möchten, ist derselben gleichwohl schnurstracks zuwider. Alle unsere Rabbinen lehren einmütig, daß die schriftlichen und mündlichen Gesetze, in welchen unsere geoffenbarte Religion besteht, nur für unsere Nation verbindlich seien. Mose hat uns das Gesetz geboten, es ist ein Erbteil der Gemeinde Jacob.« Und er schließt: »Wenn unter meinen Zeitgenossen ein Konfuzius oder Solon lebte, so könnte ich, nach den Grundsätzen meiner Religion, den großen Mann lieben und bewundern, ohne auf den lächerlichen Gedanken zu kommen, einen Konfuzius oder Solon bekehren zu wollen. Bekehren? Wozu? Da er nicht zu der Gemeinde Jacobs gehöret, so verbinden ihn meine Religionsgesetze nicht, und über die Lehren wollen wir uns bald einverstehen. Ob ich glaubte, daß er selig werden könnte? – Oh! mich dünkt, wer in diesem Leben die Menschen zur Tugend anführet, kann in jenem nicht verdammt werden, und ich habe kein ehrwürdiges Kollegium zu fürchten, das mich dieser Meinungen halber, wie die Sorbonner den rechtschaffenen Marmontel, in Anspruch nehmen könne. Ich habe das Glück, so manchen vortrefflichen Mann, der nicht meines Glaubens ist, zum Freunde zu haben. Wir lieben uns aufrichtig, ob wir gleich vermuten und voraussetzen, daß wir in Glaubenssachen ganz verschiedener Meinung sind. Ich genieße die Wollust ihres Umganges, der mich bessert und ergötzt. Niemals hat mir mein Herz heimlich zugerufen: Schade für die schöne Seele! Wer da glaubt, daß außerhalb seiner Kirche keine Seligkeit zu finden sei, dem müssen dergleichen Seufzer gar oft in der Brust aufsteigen.«

Welche Antwort! Mußte sie nicht Lavater vollauf genügen, ja ihn eigentlich beschämen? Aber da kannte Mendelssohn die Missionarsmentalität des Christen schlecht. Oder besser: Er kannte sie gewiß, hoffte aber bei seiner noblen Erwiderung auf Lavaters Verständnis und damit ein Ende des überflüssigen Disputs. Wohl: Lavater erwiderte moderat und höflich, hatte aber natürlich nichts begriffen: »Lassen Sie es mich zur Ehre der Wahrheit heraussagen; ich finde in Ihrem Schreiben Gesinnungen, die ich mehr als verehre, die mir Tränen aus den Augen gelocket haben; Gesinnungen, die mir aufs neue – verzeihen Sie mir meine Schwachheit – den Wunsch abnötigten: Wollte Gott, daß Sie ein Christ wären!«

Und so ging es weiter, und Moses Mendelssohn sah sich in eine Rolle gedrängt, die ihm so fremd war wie nur irgend etwas. Zudem beschränkte sich die Auseinandersetzung nicht auf den Dialog mit Lavater. »Nachdem ich nun dem übereilten Theologen sein Sendschreiben öffentlich beantwortet, bestürmen mich seine Glaubensgenossen von allen Seiten; die einen greifen mich in heftigen und ungestümen, die andern in sanften und schmeichelhaften Worten an; die einen loben, die andern spotten, denn dies ist ihre Weise. Jedenfalls belästigen mich ihre Worte und Träumereien und machen mir viel zu schaffen. Ich vertraue jedoch dem göttlichen Beistande, daß er mir Kraft verleihen werde, standhaft meinen Streit zu Ende führen, und daß er mir auch die rechten Gedanken und Worte dazu geben wird.« So schrieb er am 30. März 1771 an einen Freund.

Aber seine Kraft war nach zwei Jahre langem unsinnigen Disput am Ende, und der unwürdige Vorfall mit der Berliner Akademie tat das seine. Mendelssohn hat seine Krankheit so charakterisiert:

»Im Anfalle, der mich beim ersten Erwachen aus einem unruhigen Schlafe anzuwandeln pflegte, hatte ich mein völliges Bewußtsein, war imstande, jede Gedankenreihe, die ich mir vornahm, mit Ordnung und Deutlichkeit zu verfolgen, nur daß ich aller willkürlichen Bewegung unfähig war, weder ein Glied am Leibe regen, noch einen Laut von mir geben oder die Augen auftun konnte; und jede Bemühung, die ich anwandte, irgendein Glied zu bewegen, war völlig fruchtlos und vermehrte nur die sehr widrige Empfindung, von welcher der Zustand begleitet war. Es war mir nämlich dabei, als wenn etwas Glühendes vom Gehirn herab dem Rückgrat entströmen wollte und Widerstand fände oder als wenn jemand mit glühenden Ruten mir den Nacken geißelte. Ich mußte mich also vollkommen ruhig halten, bis ein Eindruck von außen her den Lebensgeistern gleichsam die Schleusen öffnete, daß sie freien Einlaß hatten; und nunmehr war auch in demselben Augenblick alles wiederhergestellt und ich völlig wiederhergestellt und ich völlig wieder Herr über meine freiwilligen Bewegungen.«

Die ärztliche Therapie war grausam: Mendelssohn durfte für zwei Monate weder lesen, schreiben noch diskutieren, ja er sollte nicht einmal ernsthaft nachdenken. Als ihm nach dieser Radikalkur die Wiederaufnahme seiner geschäftlichen Tätigkeiten gestattet wurde, blieb sein Philosophentum aber strikt in der verhängten Quarantäne.

Zum Glück nicht in jedem Fall, Ausnahmen ließen sich durchsetzen. Der sächsische Staatsminister v. Fritsch, zu Besuch bei König Friedrich in Potsdam, wünschte Mendelssohn kennenzulernen, was dann am 30. September 1771 geschah. Moses Mendelssohn wurde am Tor in Potsdam scharf examiniert (»Wo will der Jude hin?«) und dann durchgelassen. Friedrich Nicolai hat den Vorfall geschildert, zweifellos nach der Erzählung seines Freundes:

»Zu gleicher Zeit kam ein ganz junger Offizier heraus, um ihn zu examinieren. Moses gab auf Befragen, was sein Geschäft in Potsdam sei, zur Antwort, er komme auf Befehl des Königs dahin – und überreichte dabei den obengedachten Brief. Der Offizier las ihn bedächtig durch, und indem er nochmals auf das Wort ›berühmt‹ sah, fragte er den Philosophen: ›Worin ist Er denn so berühmt, daß Er hierher berufen wird?‹ Moses, obgleich sonst sehr ernsthaft, konnte doch bei Vorfällen dieser Art, welche ihm in seinem Leben einigemal begegneten, eine gewisse Laune nicht verleugnen, er antwortete ganz gelassen: ›Ich spiele aus der Tasche.‹ – ›So!‹ lautete der Bescheid. ›Geh Er nur in Gottes Namen.‹«

Das hätte auch jedem anderen und nicht nur allein in Preußen begegnen können, denn in deutschen Landen waren die Taschenspieler stets höher geachtet denn die Philosophen. Das Treffen mit dem sächsischen Minister fand statt; der König, nur wenige Meter entfernt, interessierte sich nicht für Mendelssohn. Wie auch? Er wollte ihn ja nicht einmal in der Berliner Akademie haben.

Auch im August 1776, als Moses Mendelssohn nach Dresden reiste, wurde ihm bedeutet, was es hieß, Jude zu sein in Deutschland. Er mußte sich am Tor mit einem »Leibzoll« von 20 Groschen wie ein Ochse verzollen lassen. Wenigstens war der sächsischen Regierung der Vorfall denn doch peinlich, da er einiges Aufsehen erregte, und sie erstattete dem Philosophen die 20 Groschen zurück, aber Mendelssohns bitterer Kommentar blieb dennoch gültig:

»Nun sehe ich erst, wie gut es Lavater mit mir gemeint. Wäre ich Christ geworden, könnte ich heute zwanzig Groschen sparen.«

Da gestaltete sich der Besuch bei Lessing in Wolfenbüttel im folgenden Jahr denn doch etwas anders: »Bester Freund! Ich komme ganz unfehlbar zu Ihnen nach Wolfenbüttel«, schrieb Mendelssohn am 11. November 1777 aus Hannover an Lessing, »ob ich gleich den Tag noch nicht bestimmen kann, wann dies gehen wird. Sicherlich soll mich kein

Geschäft davon abhalten; denn in der Tat ist mir keines so dringend, als die Begierde, Sie zu sehen und mich mit Ihnen zu unterhalten.«

Die Freunde trafen sich, und Lessing, so erzählt dessen Bruder Karl Gotthelf, ebenfalls ein Freund von Moses Mendelssohn, »führte, wie leicht zu ermessen ist, Moses in die Bibliothek und wollte ihn nun mit allen ihren Seltenheiten bekanntmachen. Aber der Verfasser des Phaedon war, als er hereintrat, wie vor Verwunderung versteinert, und rief nach einer Pause aus: welche erstaunliche Menge von Büchern, und wie wenig weiß man! Dem Bibliothekar mochte diese Betrachtung wohl nicht willkommener sein als dem Lustwandler der Kirchhof, aber der Freund erkannte daran seinen Philosophen, zumal da er noch hinzusetzte: Ich bin zu Ihnen nicht darum, sondern um Ihretwillen gekommen. Nur Ihre Meinungen will ich wissen, nicht was in diesen schönen Särgen ist.«

Melancholisch gestimmt schrieb Lessing am 19. Dezember 1780, drei Jahre nach diesem Besuch, an Moses: »Ich glaube nicht, daß Sie mich als einen Menschen kennen, der nach Lobe heißhungrig ist. Aber die Kälte, mit der die Welt gewissen Leuten zu bezeugen pflegt, daß sie ihr auch gar nichts recht machen, ist, wenn nicht tötend, doch erstarrend. Daß Ihnen nicht alles gefallen, was ich seit einiger Zeit geschrieben, das wundert mich gar nicht. Ihnen hätte gar nichts gefallen müssen, denn für Sie war nichts geschrieben. Höchstens hat Sie die Zurückerinnerung an unsere bessern Tage noch etwa bei der und jener Stelle täuschen können. Auch ich war damals ein gesundes, schlankes Bäumchen; und bin jetzt ein so fauler, knorrichter Stamm! Ach, lieber Freund! Diese Szene ist aus! Gern möchte ich Sie freilich noch einmal sprechen!« Dazu kam es nicht mehr: Lessing starb am 15. Februar 1781 in Braunschweig. An den dänischen Staatsrat August von Hennings schrieb Moses Mendelssohn diesen bewegenden Brief:

»Mich beschäftigt jetzt der einzige Gedanke: Lessings Tod. Er macht mich nicht traurig, nicht tiefsinnig; aber er ist mir immer gegenwärtig wie das Bild einer Geliebten. Ich schlafe mit ihm ein, träume von ihm, wache mit ihm auf und danke der Vorsehung für die Wohltat, die sie mir erzeigt hat, daß ich diesen Mann so frühzeitig habe kennen lernen, und daß ich seinen freundschaftlichen Umgang so lange genossen habe. Die Welt kennt seinen schriftstellerischen Wert; wenige aber kennen seinen freundschaftlichen Wert; ja, ich finde, daß sein moralischer Wert überhaupt von vielen sogar mißkannt werde ... Soviel scheint mir indessen außer allem Zweifel zu sein: Wenn irgendein Mensch besser war als er sich in seinen Schriften zu erkennen gab, so war es Lessing.«

Das schönste Zeugnis seiner Freundschaft mit Moses Mendelssohn, das dauerhafteste Monument seiner Verehrung für den weisen jüdischen Philosophen hatte Lessing im 1779 erstmals gedruckten Schauspiel »Nathan der Weise« veröffentlicht, denn Moses Mendelssohn war für Lessing das Vorbild seines Nathan gewesen. Diesem Werk galt Mendelssohns eigentlicher Nachruf auf den dahingegangenen Freund:

»Und eben dieses herrliche Lobgedicht auf die Vorsehung, eben diese selige Bemühung, die Wege Gottes vor den Menschen zu rechtfertigen, wie teuer ist sie nicht unserm unsterblichen Freunde geworden! Ach! Sie hat ihm seine letzten Tage verbittert, wo nicht gar am Ende sein kostbares

»Wo will der Jude hin?« Moses Mendelssohn am Berliner
Tor in Potsdam, von der Wache examiniert. Kupferstich
von M. S. Lowe nach einer Zeichnung von Daniel Chodo-
wiecki, 1791.

Mendelssohn mit Lessing vor dessen Haus in Wolfenbüttel. Hier besuchte Mendelssohn den Freund im Dezember 1777. Lavierte Zeichnung von Friedrich Werner, um 1875. Es war das letzte Mal, daß sie einander persönlich begegneten. Lessing starb vier Jahre später.

Nathan der Weise.

Ein
Dramatisches Gedicht,
in fünf Aufzügen.

Introite, nam et heic Dii sunt!

APVD GELLIVM.

Von

Gotthold Ephraim Lessing.

1779.

»Ich habe vor vielen Jahren einmal ein Schauspiel entworfen, dessen Inhalt eine Art von Analogie mit meinen gegenwärtigen Streitigkeiten hat, die ich mir damals wohl nicht träumen ließ. Wenn Du und Moses es für gut finden, so will ich das Ding auf Subskription drucken lassen«, schrieb Lessing im August 1778 an seinen Bruder Karl. Es handelt sich um sein Schauspiel »Nathan der Weise«. Das Buch erschien 1779, die Uraufführung fand 1783 statt, nach Lessings Tod.

Leben abgekürzt. Bei der Herausgabe der Fragmente war er darauf gefaßt, den ganzen Schwarm von Schriftstellern über sich herfallen zu sehen, die mit und ohne Beruf die Fragmente würden widerlegen wollen, und er hielt sich für stark genug, seinen Gast wider alle ungezogenen Angriffe seiner Gegner zu verteidigen ... Am Ende blieb es, so lebhaft er den Streit auch führte, bloß ein Schulgezänke, das von der einen und der andern Seite manche angenehme und auch unangenehme Stunden machen, aber so wie er dachte, auf die Glückseligkeit des Lebens keinen wesentlichen Einfluß haben sollte. Aber wie sehr veränderte sich die Szene nach der Erscheinung des Nathan. Nunmehr drang die Kabale aus den Studierstuben und Buchläden in die Privathäuser seiner Freunde und Bekannten mit ein, flüsterte jedem ins Ohr: Lessing habe das Christentum beschimpft, ob er gleich nur einigen Christen und höchstens der Christenheit einige Vorwürfe zu machen gewagt hatte. Im Grunde gereicht sein Nathan, wie wir uns gestehen müssen, der Christenheit zur wahren Ehre. Auf welcher hohen Stufe der Aufklärung und Bildung muß ein Volk stehen, in welchem sich ein Mann zu dieser Höhe der Gesinnungen hinaufschwingen, zu dieser feinen Kenntnis göttlicher und menschlicher Dinge ausbilden konnte? Wenigstens dünkt mich, so wird die Nachwelt denken müssen, aber so dachten sie nicht, die Zeitgenossen Lessings. Jeden Vorwurf des Eigendünkels und der einseitigen Denkungsart, den er einigen seiner Glaubensbrüder machte, oder durch seine dramatischen Personen machen ließ, hielt ein jeder für eine persönliche Beleidigung, die ihm von Lessing widerfahren. Der allenthalben willkommene Freund und Bekannte fand nunmehr allenthalben trockene Gesichter, zurückhaltende frostige Blicke, kalte Bewillkommnung und frohe Abschiede, sah sich von Freunden und Bekannten verlassen und allen Nachstellungen seiner Verfolger bloßgestellt. Sonderbar! Unter den abergläubigsten Franzosen hatte Candide für Voltaire bei weitem die schlimmen Folgen nicht, zog ihm diese Schmähschrift auf die Vorsehung bei weitem die Feindschaft nicht zu, die sich unter den aufgeklärtesten Deutschen Lessing durch die Verteidigung derselben, durch seinen Nathan zugezogen, und traurig sind die Wirkungen, die dieses in seinem Gemüte hervorbrachte! Lessing, der aller seiner gelehrten Arbeiten ungeachtet, immer noch der angenehmste Gesellschafter, der fröhlichste Tischfreund gewesen, verlor nunmehr seine joviale Laune völlig, ward zu seiner schläfrigen, gefühllosen Maschine. – Halten Sie ein, Freund! fiel ich ihm hier ins Wort, verschonen Sie mich mit dieser melancholischen Erinnerung! – Schon recht, sagte er. Sie ist trostlos, diese melancholische Erinnerung. – Ich wollte nur anführen, was Lessing für die Wahrheiten der Vernunftreligion getan und gelitten, und was für Verdienste er sich um alle Freunde und Bekenner derselben erworben.« Konnte man Lessing schöner würdigen, besser verstehen? – Post kam in diesen Tagen der Trauer auch aus Weimar. Herder schrieb an Moses Mendelssohn im Schmerz über Lessings Tod: »Mir ist's noch immer, so entfernt wir voneinander arbeiteten und dachten, so leer zu Mut, als ob Wüste, weite Wüste um mich wäre.« Und er schloß: »Leben Sie wohl, liebster Mendelssohn, und sparen sich, so viel an Ihnen ist, unserer Erde. Da Lessing hin ist, hat Deutschland Sie, wenn Sie auch nur stillwirkender Zeuge sind, vor so vielen andern nötig.«

In seinem Antwortbrief verwies Moses Mendelssohn zwar auf das Trennende zwischen ihm und Herder, aber er fand: »Auch dies, mein bester Herder, ist Weg der Vorsehung, daß Lessings Tod zwei Gemüter sich einander näher bringen muß, die, wie jetzt am Tage liegt, ein leidiges Mißverständnis voneinander entfernt hatte.« Und er fuhr fort: »Der Tod dieses Freundes, mit dem ich zu leben gleichsam gewohnt war, hat in meinem Herzen eine tiefe Wunde geschlagen; und es ist ein wahres Labsal für meine Seele, daß Sie eine gleiche Lücke in ihrem Herzen empfinden und solche durch die Annäherung mit dem meinigen wieder auszufüllen gedenken. Haben Sie herzlichen Dank dafür, daß Sie den ersten Schritt dazu getan. Sie sollen mich sicherlich auf halbem Wege treffen.« Der Brief schließt mit dem Zuruf: »Lieben Sie mich, Brüderchen!« So konnte, so durfte nur Moses Mendelssohn schreiben, und nur bei ihm klang dieser spontane Zuruf echt, ganz aus dem Herzen gesagt.

Er solle sich »unserer Erde sparen«, hatte Herder gewünscht; es blieben genau fünf Jahre, um die Mendelssohn seinen geliebten Freund Lessing überlebte, Jahre voller Produktivität.

»Die fünf Bücher Mose, zum Gebrauch der jüdischdeutschen Nation nach der Übersetzung des Herrn Moses Mendelssohn« waren 1780 im Verlag von Friedrich Nicolai erschienen; ein Jahr später kam des Manasseh Ben Israel »Rettung der Juden« mit einer Vorrede von Moses Mendelssohn heraus. »Jerusalem oder über religiöse Macht und Judentum« folgte 1783 und trug dem Verfasser einen bewundernden Brief Immanuel Kants ein. Im selben Jahr noch erschien auch Mendelssohns Psalmen-Verdeutschung, aus der Johann Philipp Kirnberger, ein Schüler J. S. Bachs, und Johann Friedrich Reichardt einige Psalmen vertonten. Eine Einladung Reichardts, in einer Abendmusik die Komposi-

●◆ *...Herr Friedländer wird Ihnen sagen, mit welcher Bewunderung der Scharfsinnigkeit, Feinheit und Klugheit ich Ihr Jerusalem gelesen habe. Ich halte dieses Buch für die Verkündigung einer großen, obzwar langsam bevorstehenden und fortrückenden Reform, die nicht allein Ihre Nation, sondern auch andere treffen wird. Sie haben Ihre Religion mit einem solchen Grade von Gewissensfreiheit zu vereinigen gewußt, die man ihr gar nicht zugetraut hätte und dergleichen sich keine andere rühmen kann. Sie haben zugleich die Notwendigkeit einer unbeschränkten Gewissensfreiheit zu jeder Religion so gründlich und so hell vorgetragen, daß auch endlich die Kirche unsererseits darauf wird denken müssen, wie sie alles, was das Gewissen belästigen und drücken kann, von der ihrigen absondert, welches endlich die Menschen in Ansehung der wesentlichen Religionspunkte vereinigen muß; denn alle das Gewissen belästigende Religionspunkte kommen uns von der Geschichte, wenn man den Glauben an deren Wahrheit zur Bedingung der Seligkeit macht ...*

Immanuel Kant an Moses Mendelssohn über
»Jerusalem«

Moses Mendelssohn an den Komponisten Friedrich Reichardt am 14. Dezember 1784: »Gegen abend ist jede lebhafte Empfindung für mein kränkelndes Nervengebäude von schlimmen Folgen, und eine angreifende Musik vollends ein tödliches Gift. Sollte es nicht möglich seyn, Ihre Composition des Psalms nicht des Vormittags bey Ihnen zu hören?«

MA Ep. 507

Gott nachahmen,
Heißt
So, wie Er, das Gute lieben,
weil es gut ist;
Nicht, weil es Gott befohlen

Berlin d. 20. Dec.
1785.

Moses Mendelssohn

Stammbuchblatt von Moses Mendelssohn vom 20. Dezember 1785.

»Ursprung der Sprachen« – unvollendetes Manuskript von Moses Mendelssohn. »Die Frage hat zwo Seiten, 1) Hat durch die natürlichen Kräfte des Menschen irgend eine Sprache entstehen können. 2) Hat sie soviel Ordnung und Regelmäßigkeit bekommen können, als wir bey den uns bekannten Sprachen finden. Wenn das Negative erwiesen werden könnte, so wäre dieses ein sicherer Beweis, daß die Menschen zu einer gewissen Zeit den Unterricht eines höheren Wesens genossen haben müssen, das keiner Sprache bedarf, um seine Vernunft auszubilden.«

tion dem Übersetzer vorzustellen, schlug Mendelssohn aus, denn: »Gegen Abend ist jede lebhafte Empfindung für mein kränkelndes Nervengebäude von schlimmen Folgen, und eine angreifende Musik vollends ein tödliches Gift. Sollte es nicht möglich sein, Ihre Komposition des Psalms nicht des Vormittags bei Ihnen zu hören?«

Er war ein Frühaufsteher, der sommers wie winters sein Tagewerk schon um fünf Uhr begann. Vier Stunden später trat er sein Amt als Buchhalter in der Bernhardschen Seidenmanufaktur an, deren Leitung er nach Bernhards Tod übernahm. Gewiß werden wir uns seinen Arbeitsalltag, jedenfalls in den letzten Jahren, nicht allzu anstrengend und zeitraubend vorstellen dürfen, denn es blieb immer die Zeit, sich auch im Büro, quasi nebenbei, mit Literatur und Wissenschaft zu beschäftigen, und in dem Maße, in dem er zu einer Zelebrität wurde, wollten viele Besucher Berlins ihn sehen und sprechen, und er empfing sie. Er verstand sich die Arbeit so einzurichten, daß die Geschäfte ihren geregelten Gang gingen und die Manufaktur keinen Schaden litt. Mit einem Sechsstundentag im Kontor kam er dabei aus.

Spaziergänge am Nachmittag – nach dem Dienstschluß um drei Uhr nachmittags – hinaus in die Natur, die Mendelssohn liebte, wurden ihm oft genug vergällt. »Allhier in diesem sogenannten duldsamen Lande«, schrieb er am 28. Juli 1780 an den Benediktiner Maurus Winkopp, »lebe ich gleichwohl so eingeengt, durch wahre Intoleranz so von allen Seiten beschränkt, daß ich meinen Kindern zu Liebe mich den ganzen Tag in einer Seidenfabrik – so wie sie sich in einem Kloster – einsperren muß; und den Musen nicht so fleißig opfern darf, als ich es wünschte, weil es mein Prior nicht zugeben will. Ich ergehe mich zuweilen des Abends mit meiner Frau und meinen Kindern. Papa! fragte die Unschuld, was ruft uns jener Bursche dort nach? warum werfen sie mit Steinen hinter uns her? was haben wir ihnen getan? – Ja, lieber Papa, spricht ein anderes, sie verfolgen uns immer in den Straßen und schimpfen: Juden! Juden! Ist denn dieses so ein Schimpf bei den Leuten, ein Jude zu sein? Und was hindert dieses andere Leute? – Ach! ich schlage die Augen unter, und seufze mit mir selber: Menschen! Menschen! wohin habt Ihr es endlich kommen lassen?«

Die letzte Frucht seiner täglichen Morgenarbeit waren die 1785 gedruckten »Moses Mendelssohns Morgenstunden oder Vorlesungen über das Dasein Gottes«. Ein Exemplar ging im Oktober an Immanuel Kant:

»Ich bin so frei gewesen, Ihnen durch den Buchhändler Voss und Sohn ein Exemplar von meinen Morgenstunden oder Vorlesungen über das Dasein Gottes zuzuschicken. Ob ich gleich die Kräfte nicht mehr habe, Ihre tiefsinnige Schriften mit der erforderlichen Anstrengung zu studieren, so weiß ich doch, daß wir in Grundsätzen nicht übereinkommen. Allein ich weiß auch, daß Sie Widerspruch vertragen, ja daß Sie ihn lieber haben als Nachbeten.«

Kant urteilte: »Man kann dieses letzte Vermächtnis einer dogmatisierenden Metaphysik zugleich als das vollkommenste Produkt derselben, sowohl in Ansehung des kettenförmigen Zusammenhangs, als auch der ausnehmenden Deutlichkeit in Darstellung derselben, ansehen, und als ein nie von seinem Werte verlierendes Denkmal der Scharfsinnigkeit eines Mannes, der die ganze Stärke einer Erkenntnisart, der er sich annimmt, kennt, und sie in seiner Gewalt hat, an welchem also eine Kritik der Vernunft, die den glücklichen Fortgang eines solchen Verfahrens bezweifelt, ein bleibendes Beispiel findet, ihre Grundsätze auf die Probe zu stellen, um sie danach entweder zu bestätigen oder zu verwerfen.«

Am letzten Tag des Jahres 1785 erkältete sich Moses Mendelssohn auf dem Weg zu seinem Verleger Voss; es wurde die Krankheit zum Tode. Marcus Herz, sein Arzt, schrieb an Johann Jacob Engel, den Philosophen und Schriftsteller:

»Mittwochs des Morgens um 7 Uhr kam sein Sohn bestürzt zu mir und bat mich, sogleich zu seinem Vater zu kommen, der sehr unruhig wäre. Ich eilte hin und fand ihn auf seinem Sofa; nicht mehr unter Lessings Büste, denn diese stand ihm gegenüber auf der Kommode. Ich erschrak beim ersten Anblick; seine Augen hatten nicht mehr jenes durchdringende Feuer, sein Gesicht war eingefallen und blaß. Er empfing mich nach seiner freundlichen Weise mit einem Händedruck: ›Nehmen Sie nicht übel, lieber Herr Doktor, daß ich Sie so früh beunruhige; ich habe eine elende Nacht gehabt. Die Stiche haben sich gleich nach den Umschlägen verloren, aber ich habe einige Ausleerungen gehabt, die mich ganz mitgenommen, ich habe Beängstigung und Unruhe, ich fühle es, daß es mir vom Unterleibe herauftreibt, und meine Brust ist sehr voll.‹ Sein Puls war fast natürlich, nur etwas schwach, ohne die mindeste Unregelmäßigkeit. Ich erklärte ihm, nachdem ich einige Minuten nachgedacht hatte, geradezu meine Verlegenheit. ›Ich weiß wahrlich nicht, lieber Herr Moses, was man mit Ihnen anfängt, da Sie schlechterdings keine Arzneien vertragen können. Alles macht Ihnen Blähungen, alles Beängstigungen; das mindeste wirft Sie über den Haufen.‹ ›—‹ Ich will mich einmal aufsetzen, vielleicht geht es besser‹, sagte er.

Er richtete sich mit ziemlicher Kraft auf, setzte sich auf den benachbarten Stuhl, stand nach einer halben Minute wieder auf, setzte sich auf das Sofa und sagte: ›Es ist nun etwas vorüber.‹

Aber sein Ansehen ward immer mißlicher, und während daß ich in das benachbarte Zimmer zu seiner Gattin und seinem Schwiegersohne ging, ihnen seinen Zustand zu verkündigen und zu bitten, daß man mir einen Gehilfen riefe, hörte ich ein Geräusch auf dem Sofa. Ich sprang hinzu, und da lag er, ein wenig von dem Sitze herabgesunken, mit dem Kopfe rücklings, etwas Schaum vor dem Munde, und weg war Atem, Pulsschlag und Leben. Wir versuchten Verschiedenes, ihn zu ermuntern, aber vergebens. Da lag er ohne vorhergegangenes Röcheln, ohne Zuckung, ohne Verzerrung, mit seiner gewöhnlichen Freundlichkeit auf den Lippen, als wenn ein Engel ihn von der Erde hinweggeküßt hätte.«

Moses Mendelssohn starb am 4. Januar 1786 in Berlin, 57 Jahre alt. Eine von seinen späten Arbeiten, die er nicht mehr vollenden konnte (sie bricht nach 16 Manuskriptseiten ab), galt dem Ursprung der Sprachen, ihren Entwicklungs- und Ausdrucksmöglichkeiten. Im Zusammenleben der Juden mit der dominierenden christlichen Gesellschaft stand das Problem der Sprache ganz im Vordergrund, das hatte Moses Mendelssohn schon frühzeitig erkannt.

Der Vierzehnjährige, der 1743 von Dessau nach Berlin kam, sprach Hebräisch, Jiddisch und ein wenig Deutsch. Nach und nach erwarb er sich Kenntnisse im Lateinischen, Französischen und Englischen. Vor allem aber vervollkommnete er sein Deutsch bis zur wahren Meisterschaft. Wer seine Schriften und Briefe liest, kann sich nur schwer vorstellen, daß Mendelssohn sich diese Sprache erst wie eine Fremdsprache aneignen mußte, so geläufig, präzis, bildkräf-

●◆ *Bei der näheren Zergliederung der Eigenschaften dieses gro-*
ßen Mannes dürfen wir auch das genaueste Detail nicht fürchten. Er
ist keiner von den Männern, bei welchen einige glänzende Eigen-
schaften mehrere Schwachheiten vor den Augen der Welt bedecken
müssen; keiner von den Charakteren, die nur von einer gewissen
Seite betrachtet werden dürfen, wenn sie Wohlgefallen erregen sol-
len; er gleicht keiner von denjenigen kolossalen Figuren, die in einer
gewissen Weite zwar Bewunderung erregen, aber in der Nähe voller
Unebenheiten und Flecken sind. – Nein! Wir können mit Zuver-
sicht sein öffentliches und sein privates Leben, seinen Charakter als
Mensch und als Bürger, als Hausvater und als Ehemann, als Lehrer
und als Freund, der strengsten Untersuchung unterwerfen: überall
werden wir ihn musterhaft, überall gleich groß, gleich liebenswür-
dig finden.

David Friedländer
in einer Gedenkrede auf Moses Mendelssohn, gehalten am 9. Januar
1794 in der »Gesellschaft zur Beförderung des Edlen und Schönen«
in Berlin.

◆◇ *Göttliche Tonkunst!*

*Du bist die einzige, die uns mit allen Arten von Vergnügen über-
rascht! – Welche süße Verwirrung von Vollkommenheit, sinnlicher
Lust und Schönheit! - Die Nachahmungen der menschlichen Leiden-
schaften, die künstliche Verbindung zwischen widersinnigen Übel-
lauten: Quellen der Vollkommenheit! – Die leichten Verhältnisse in
den Schwingungen; das Ebenmaß in den Beziehungen der Teile auf-
einander und auf das Ganze; die Beschäftigung der Geisteskräfte in
Zweifeln, Vermuten und Vorhersehen: Quellen der Schönheit! – Die
mit allen Saiten harmonische Spannung der nervigen Gefäße: eine
Quelle der sinnlichen Lust! – Alle diese Ergötzlichkeiten bieten sich
schwesterlich die Hand und bewerben sich wetteifernd um unsere
Gunst. – Wundert man sich nun noch über die Zauberkraft der
Harmonie? – Kann es uns befremden, daß ihre Annehmlichkeiten
mit so mächtigem Reize in die Gemüter wirken, daß sie rauhe unge-
sittete Menschen bezähmt, rasende besänftigt und traurige zur
Freude belebt?* Moses Mendelssohn

*Eine von Jakob Abraham und Abraham Abrahamson auf Moses Mendels-
sohn um 1775 geprägte Silbermedaille. Die rechte Seite verweist auf Mendelssohns populärstes Werk »Phaedon oder über die Unsterblichkeit der Seele
in drey Gesprächen«, 1767 erstmals veröffentlicht.*

tig und witzig formulierte er in ihr. Daß er den Pentateuch (die fünf Bücher Mose) und die Psalmen ins Deutsche übertrug, war nicht für die Christen gedacht, sondern »zum Gebrauch der jüdischdeutschen Nation«, wie es auf dem Titelblatt von 1780 heißt. Seinen jüdischen Glaubensgenossen wollte er Zugang schaffen zur christlichen Gesellschaft, in die sie niemals integriert werden würden ohne die Beherrschung der Sprache. Denn die jüdische Sprechweise – von den Christen als »mauscheln« verspottet, wie auch Juden »Mauschel« genannt wurden – grenzte die Juden aus und sonderte sie genauso ab wie ihre Wohnquartiere. Moses Mendelssohn wollte nichts von einer Assimilation wissen, so wie er ja auch selber dem Glauben seiner Väter treugeblieben ist, aber er hatte erkannt, wie stark die Sprache die Minderheit von der Mehrheit trennte. Diese Barriere abzubauen gehörte zu Moses Mendelssohns großen Lebensaufgaben. Sie war untrennbar verbunden mit seinem Plädoyer für Toleranz und Menschlichkeit. Seine Forderungen hat er nicht nur verkündet, er hat sie auch vorbildlich gelebt und damit das schönste Beispiel gegeben. In seinem Todesjahr erschien noch die kleine Schrift »Moses Mendelssohn an die Freunde Lessings«. Darin finden sich diese Sätze:

»Ich von meiner Seite bleibe bei meinem jüdischen Unglauben, traue keinem Sterblichen einen engelreinen Mund zu, möchte selbst von der Autorität eines Erzengels nicht abhängen, wenn von ewigen Wahrheiten die Rede ist, auf welche sich des Menschen Glückseligkeit gründet, und man muß also schon hierin auf eigenen Füßen stehen oder fallen.«

Die Kinder eines Philosophen

*Abraham Mendelssohn, Zeichnung von Wilhelm Hensel,
um 1825. Abraham war das fünfte Kind von Moses und
erst zehn Jahre alt, als sein Vater starb. Er wurde der Vater von Felix und sagte später scherzhaft, früher sei er der
Sohn seines Vaters gewesen, heute der Vater seines Sohnes.
Er hat die Entwicklung seines Sohnes ganz entscheidend
mitgeprägt und umsichtig gefördert.*

Im Sommer 1780 hatte Moses Mendelssohn an Herder geschrieben: »Auch ich habe Kinder, die ich erziehen soll. Zu welcher Bestimmung? ob im Sachsen-Gothaischen bei jeder Durchreise ihren jüdischen Kopf mit einem Würfelspiel zu verzollen, oder irgendeinem kleinen Satrapen das Märchen von den nicht zu unterscheidenden Ringen zu erzählen, weiß nur der, der uns alle unsere Pfade vorgemessen. Meine Pflicht ist, sie so zu erziehen, daß sie in jeder Situation sich von ihrer Seite keine Schande zuziehen, und die ihnen ihre Nebenmenschen unverdient zuwerfen, mit Resignation ertragen.«

Seine Kinder. Am 26. Oktober 1763 war Moses Mendelssohn der »Schutzbrief« allergnädigst bewilligt worden, man hieß ihn von nun an einen »Schutzjuden«, was bedeutete, daß er, weil für den Staat in irgendeiner Weise brauchbar, nicht mehr ausgewiesen werden konnte. Der Marquis d'Argens, der das Ohr des Königs besaß, hatte dies in seiner großen Beharrlichkeit endlich beim Monarchen durchsetzen können. Aber der »Schutzbrief« galt einzig für Moses; bei seinem Tode durften somit Fromet und die Kinder ausgewiesen werden. Daß dies nicht geschah, verdankten sie Friedrich Wilhelm II., dem Neffen und Nachfolger Friedrichs II. Der nannte sich zwar nicht »Philosoph« wie sein Onkel, dafür aber dachte er menschlicher, und Fromet bekam das ersehnte Papier mit dem Zusatz: ». . . wegen der bekannten Verdienste Ihres Mannes und Vaters«.

Von den zehn Kindern, die Fromet ihrem Ehemann gebar, lebten beim Tod des Vaters noch sechs; die anderen vier waren schon im zarten Alter gestorben; kein seltenes Schicksal in einer Zeit hoher Kindersterblichkeit.

Als erstes Kind wurde am 24. Oktober 1764 die Tochter

Brendel geboren, die sich später Dorothea nannte. Ihr Vater verheiratete sie 1784 mit dem Bankier Simon Veit. Das Erstaunliche: Obwohl Moses Mendelssohn bei seiner Werbung um Fromet Gugenheim herzlich wenig nach der Meinung ihrer Eltern gefragt und wider allen Brauch regelmäßig mit ihr korrespondiert hatte, hielt er es bei seiner Tochter ganz anders. Dorothea wurde überhaupt nicht nach ihrer Meinung geschweige denn Sympathie oder gar Zuneigung für den Auserwählten gefragt, sie wurde von ihrem Vater so unter die Haube gebracht, wie es in den traditionsbewußten jüdischen Familien seit Jahrhunderten Brauch war, und damit basta. Daß die aufgeschlossene, geistig vielseitig interessierte Dorothea überhaupt nicht zu diesem Mann paßte, scheint den Vater nicht gekümmert zu haben: Dorothea hatte gefälligst zu gehorchen.

Zwei Söhne gingen aus dieser Ehe hervor, Philipp und Johannes, die beide später ihren Weg als Maler im Kreis der Nazarener machten. Einzig um ihrer Kinder willen lehnte es Dorothea ab, sich von ihrem Mann scheiden zu lassen, der zwar ein nobler Charakter war, geistig aber weit unter Dorothea stand. Sie besuchte regelmäßig den berühmten Salon der Henriette Herz, Ehefrau des Arztes Marcus Herz, zu dessen Patienten Moses Mendelssohn gehört hatte. Hier, in den Gesprächen einer vielschichtigen, geistig überaus anregenden Gesellschaft, in der vor allem viele Künstler zu Gast waren, lernte Dorothea Veit im Sommer 1797 einen jungen Mann kennen, den um neun Jahre jüngeren Friedrich Schlegel. Als Verfasser einiger bedeutsamer Abhandlungen hatte sich Friedrich bereits einen Namen gemacht. »Von den Schulen der griechischen Poesie« (1794), »Über den Begriff des Republikanismus« (1797), »Über das Studium der griechischen Poesie« (1797), »Georg Forster« (1797), »Über Lessing« (1797), Arbeiten, die fast alle in Zeitschriften erschienen waren, vor allem im Berliner »Lyceum der schönen Künste«, das Johann Friedrich Reichardt herausgab und als dessen Redakteur (und Autor) Friedrich Schlegel wirkte.

Als Dorothea Veit und Friedrich Schlegel sich bei Henriette Herz kennenlernten, hatten beide von Anfang an das Gefühl, dem längst gesuchten und ersehnten Partner ihres Lebens begegnet zu sein; es wurde eine leidenschaftliche Liebe und ein Berliner Skandälchen, zumal Dorothea sich überhaupt nicht um den allgemeinen Klatsch kümmerte, sich Ende 1798 scheiden ließ und sich eine eigene Wohnung nahm, in die sie mit ihrem Sohn Philipp zog, indes Johannes bei seinem Vater blieb.

»Sie ist eine wackere Frau von gediegnem Wert«, charakterisierte Friedrich damals Dorothea. »Sie ist aber sehr einfach und hat für nichts in und außer der Welt Sinn als für Liebe, Musik, Witz und Philosophie. In ihren Armen habe ich meine Jugend wiedergefunden, und ich kann sie mir jetzt gar nicht mehr aus meinem Leben wegdenken. Dies ist nicht Täuschung, sondern Einsicht, da wir, beide reicher an Sinn und Vernunft als an Phantasie, die Grenzen unserer Verbindung so bestimmt sehen und wissen, und sie besonders hat es immer auf eine große Art, wenngleich sehr weiblich ertragen, wenn ich diese Grenzen mit aller Härte meiner Offenheit bestimmte.«

Im Herbst 1799 ließ sich das Paar in Jena nieder und bildete mit August Wilhelm Schlegel, Friedrichs älterem Bruder, und dessen Frau Caroline eine Wohngemeinschaft. Für den älteren Schlegel und Caroline bedeutete das viel, denn der in Berlin erworbene schlechte Ruf war Dorothea natürlich auch nach Jena gefolgt, zumal Friedrich mit seinem ersten (und einzigen) Roman »Lucinde« gerade für weiteres Aufsehen gesorgt hatte, denn das Buch galt wegen einiger erotischer Passagen für anstößig, und das um so mehr, als jeder in den gewissen Szenen Friedrich und Dorothea im Bett dargestellt wähnte.

Schlegel sah sich einer wahren Phalanx Entrüsteter konfrontiert, und dazu gehörten keineswegs nur Spießbürger, sondern auch Freunde wie Novalis und Ludwig Tieck. Aber auch Caroline war unbehaglich, weil sie erkannte, in welchem Maße hier die geschiedene Dorothea Veit bloßgestellt wurde. Nicht weil sie prüde gewesen wäre, mißfiel ihr das Ganze, sondern weil sie deutlich sah, wie wenig es Friedrich Schlegel gelungen war, ein literarisches Kunstwerk zu schaffen, und wie sehr sich hier künstlerische Unzulänglichkeit und provozierender Exhibitionismus durchdrungen hatten. Aber selbst das wäre ihr noch gleichgültig gewesen, hätte sie darüber das Opfer Dorothea vergessen können. »Rein ist der Eindruck freilich nicht, wenn man einem Verfasser so nahe steht. Ich halte immer seine verschlossene Persönlichkeit mit dieser Unbändigkeit zusammen und sehe, wie die harte Schale aufbricht – mir kann ganz bange dabei werden, und wenn ich seine Geliebte wäre, so hätte es nicht gedruckt werden dürfen«, schrieb sie an Novalis.

Die Situation war nicht leicht für Dorothea: Scheidung einer bürgerlich reputierlichen Ehe, Liebesverhältnis mit einem von der Gesellschaft wenig geachteten, mittellosen Schriftsteller, Jüdin dazu und nun auch noch in ihren erotischen Empfindungen bloßgestellt. Doch ihren Lebensgefährten Friedrich betete Dorothea an, diese Redensart darf

Dorothea Schlegel, Gemälde von Anton Graff

Friedrich Schlegel, Zeichnung von Ludwig Schnorr von Carolsfeld, 1821

Philipp Veit, Selbstbildnis

Johannes Veit, Zeichnung von Philipp Veit, 1820

Joseph Mendelssohn, Gemälde eines unbekannten Künstlers

man hier wörtlich nehmen. In ihr Tagebuch schrieb sie damals: »*Und er soll dein Herr sein!* – Diese Worte des Schöpfers sind nicht Moralgesetz, sondern *Naturgesetz* und als solches liebevolle Warnung und Erklärung. Es können Frauen durch die unvernünftige Herrschaft der Männer unglücklich sein, ohne diese Herrschaft sind sie aber auf immer verloren und das ohne alle Ausnahme.«

Es kam zu wachsenden Spannungen mit Caroline, der Frau August Wilhelms, denn Caroline war sehr selbstbewußt und wirkte auf Außenstehende wegen ihres raschen und sicheren Urteils oft leicht arrogant. Caroline hätte sich niemals in eine demütig dienende Rolle drängen lassen und niemals duldend geschwiegen. Dorothea hingegen, von plumper Leiblichkeit und unschönem Gesicht, gebrach es nach eigenem Eingeständnis an Selbstbewußtsein, wobei die gesellschaftliche Verfemung das ihrige tat. Caroline hätte die Veröffentlichung der »Lucinde« nicht zugelassen (»wenn ich seine Geliebte wäre«), Dorothea aber, die unter den Indiskretionen des Romans litt, nahm die Demütigung willig auf sich: »Ich denke aber wieder, alle diese Schmerzen werden vergehen mit meinem Leben, und das Leben auch mit; und alles, was vergeht, sollte man nicht so hoch achten, daß man ein Werk darum unterließe, das ewig sein wird. Ja, dann erst wird die Welt es recht beurteilen, wenn alle diese Nebendinge wegfallen.«

Sodann: Dorothea liebte ihren Mann, Caroline nicht. Aber auch wenn es anders gewesen wäre: Caroline hätte nie – wie Dorothea – von ihrem Gefährten als »der Göttliche« gesprochen. Dorotheas manchmal geradezu götzenhafte Verehrung Friedrichs wäre für Caroline undenkbar gewesen in einem Verhältnis zu einem Mann, während für Dorothea im Verhältnis zu ihrem Lebensgefährten stets die dienende, erbötige Verehrung Ziel und Sinn ihres Lebens blieb. »Ihm Ruhe schaffen und selbst in Demut als Handwerkerin Brot schaffen, bis er es kann«, bekannte sie im Februar 1800. »Und dazu bin ich redlich entschlossen.«

Am Ende stand schon nach wenigen Monaten der völlige Bruch zwischen Caroline auf der einen, Dorothea und Friedrich auf der anderen Seite, ein Bruch, der sich später in wahren Haßorgien artikulierte. Dorothea und Friedrich gingen 1802 nach Paris, wo Dorothea zum evangelischen Glauben konvertierte und heiratete, später trat das Paar gemeinsam zum katholischen Bekenntnis über. Die Schlegels zogen dann nach Wien. Dorothea folgte ihren beiden Malersöhnen für zwei Jahre nach Rom, und als Friedrich österreichischer Legationsrat bei der Bundestagsgesandtschaft in Frankfurt a. M. geworden war, wurde der Wohnsitz des Paares dorthin verlegt. Friedrich Schlegel starb 1829, Dorothea überlebte ihn um zehn Jahre.

Die am 18. Juli 1767 geborene Recha, Moses' zweites Kind, wurde mit dem Mecklenburgischen Hofagenten Mendel Meyer verheiratet. Wie die erste Ehe Dorotheas verlief auch diese unglücklich und endete gleichfalls mit der Scheidung. Kinder waren nicht geboren worden. Wie Sebastian Hensel berichtet, gründete Recha »eine Pensionsanstalt für junge Mädchen in Altona und lebte später in Berlin in naher Beziehung zu ihrem Bruder Abraham«.

Ein Mann der Finanzen

Joseph, geboren am 11. August 1770, wurde der Bankier der Familie. »Als Jude muß er Arzt, Kaufmann oder Bettler werden«, hatte sein Vater 1784 gesagt. Obwohl Joseph eine gründliche wissenschaftliche Ausbildung erhalten hatte, war es Moses Mendelssohn schon bald klar, daß sein Sohn doch wohl mehr zum praktischen Fach tendierte. Er arbeitete zunächst als Buchhalter bei Itzig & Co und machte sich 1795 mit zwei Angestellten selbständig. Zu seinen frühesten Kunden zählte der junge Alexander von Humboldt. Mit seinem um sechs Jahre jüngeren Bruder Abraham gründete Joseph 1804 in Berlin das Bankhaus J. & A. Mendelssohn, das die Brüder noch im selben Jahr nach Hamburg verlegten, wohin sie auch übersiedelten, aber das Berliner Haus behielten und dort einen Prokuristen einsetzten.

Nachdem Hamburg, das im November 1806 von den Truppen Napoleons besetzt worden war, im Dezember 1810 auch formell dem französischen Kaiserreich einverleibt wurde, kam es zu Schwierigkeiten mit den neuen Machthabern, und die Mendelssohns kehrten nach Berlin zurück und gaben das Hamburger Haus auf.

Nach 1815, als mit der endgültigen Niederlage Napoleons Jahre des Friedens kamen, erwarb sich Joseph Mendelssohn mehr und mehr das Vertrauen der preußischen Regierung, besonders ihres Staatskanzlers v. Hardenberg.

Als Joseph Mendelssohn am 24. November 1848 starb, zählte man ihn zu den erfolgreichsten und einflußreichsten Bankiers in Berlin. Er gehörte zu den Gründern einer Renten- und einer Hagelversicherung, einer gemeinnützigen Baugesellschaft und einer »zoologischen Gesellschaft«, er

Zwei Quittungen über den Empfang von Kreditbriefen, die Alexander von Humboldt 1809 vom Bankhaus Mendelssohn erhielt.

Zwei Seiten aus dem Geschäftsjournal von 1807 des Bankhauses Gebr. Mendelssohn & Comp., das Joseph und Abraham Mendelssohn gemeinsam in Hamburg führten.

Januar 10.te 1807

Transport		7588	10
19 An Conto pro Diverse	16	425	13 6
15 An Cambio p Hamburg		6400	
	16	14808	7 6
Tratten Conto			
An Banco Conto	7	829	6
An Banco Conto	19	1301	2
Cambio p Hamburg An Creditores			
An Conrad Schröder	19	2016	10
An B. L. Foud	20	5211	9
	21	7238	3
An Leike Barien in Amsterdam	20	23236	2
J Neppel An Creditores			
An Gewinn Verlust	21	0	
An B. L. Foud		427	6
	21	427	
An Cambio p Diverse	20	962	18
B. L. Foud			
An Cambio Paris	21	531	4
Banco Conto An Creditores			
An Conto pro Diverse	22	4389	14
An Cambio p Hamburg		1546	14
	21	5936	9
Tratten Conto			
An Banco Conto	2	10435	3

Das Bankhaus Mendelssohn & Co. in der Berliner Jägerstraße, fotografiert um 1911. Es existierte bis 1938.

saß im Ältestenrat der von ihm ins Leben gerufenen »Korporation der Berliner Kaufmannschaft«. In seinem geselligen Haus in der Jägerstraße traf man Alexander von Humboldt, Leopold von Ranke und Georg Wilhelm Friedrich Hegel. Das Bankhaus Mendelssohn & Co in der Jägerstraße 51 blieb bis 1938 bestehen, dann wurde es vom Hitler-Regime aufgelöst. In dem Gebäude befand sich in der Zeit des geteilten Deutschlands die Deutsche Außenhandelsbank der DDR.

Zur Charakteristik von Joseph Mendelssohn schreibt Hans-Günter Klein:

»Joseph Mendelssohn hatte die Gabe, Erfahrungen nicht nur zu reflektieren und konstruktiv zu verarbeiten, sondern sie auch anderen zu vermitteln – und das offenbar in konzilianter Form, da sonst sein Einfluß wohl nicht so groß gewesen wäre. Neben den Erfahrungen aus eigener Praxis bildete Lektüre einen anderen Bereich seiner Kenntnisse. Das Exzerpt eines Aufsatzes über das neue amerikanische Bankwesen, auf immerhin 36 Seiten, läßt die Breite seines bankpolitischen Interesses erkennen, ebenso wie seine Beschäftigung mit der Theorie des Wechselrechts, die durch ein juristisches Gutachten über das Problem des Wechsel-Protests am Verfallstage belegt ist. – Daneben gehörten aber seine Lese-Erlebnisse der neuen und älteren Literatur; schon dem Vater Moses war diese Neigung des jungen Joseph aufgefallen. In seiner Wertschätzung nahmen die Werke Goethes einen sehr hohen, wenn nicht sogar den höchsten Rang ein; die ›Familientradition‹ der Einstufung Goethes als einer Art oberster literarischer Autorität dürfte er wesentlich mitbegründet haben. Daß seine Wertungen über die damalige neueste Literatur dem Betrachter von heute gelegentlich etwas fremd erscheinen, so wenn er beispielsweise ein Hel-

Henriette Mendelssohn (1775-1831), die Freundin Germaines de Staël, lebte lange in Paris und kehrte später nach Berlin zurück. Sie fühlte sich besonders ihrem Bruder Abraham verbunden.

dengedicht von Rückert mit den Dichtungen Goethes und Schillers auf eine Stufe stellt, ist wohl natürlich. Eine besondere Liebe gehörte dem Werk Dantes: die ›Divina Commedia‹ verstand er in weiten Teilen als eine politische Dichtung, in der er vielleicht auch Parallelen zu seiner eigenen Zeit entdeckt haben mag. Von seinen Dante-Studien zeugen auch zwei Vorlesungen, die er anonym hat drucken lassen.«

Joseph Mendelssohn war verheiratet mit Henriette Meyer. Das Paar hatte zwei Söhne: Benjamin und Alexander.

Etwas verwachsen

Henriette Mendelssohn, geboren am 23. August 1775, lebte zunächst einige Jahre in Wien und ging dann nach Paris, wo sie ein Mädchenpensionat leitete. »Sie selbst war unansehnlich«, charakterisierte sie Karl August Varnhagen von Ense, der sie 1810 in Paris kennenlernte, »etwas verwachsen, aber dennoch eine Erscheinung, von der man sich angezogen fühlte, so sanft und doch sicher, so bescheiden und doch zuverlässig war ihr ganzes Wesen. Sie hatte scharfen Verstand, ausgebreitete Kenntnisse, helles Urteil und dabei die feinste Weltsitte, den erlesensten Takt. Mit der Literatur der Deutschen, der Franzosen und Engländer, zum Teil auch der Italiener, war sie wohlvertraut, und sprach das Französische und Englische wie eine Eingeborene. Bei solchen Eigenschaften konnte ihr ein edler Gesellschaftskreis nicht fehlen, den sie jedoch um ihres Pflichtberufes willen möglichst einzuschränken suchte.« Immerhin verkehrten bei ihr Germaine de Staël, Benjamin Constant, Gaspare

Spontini, Alexander von Humboldt, David Ferdinand Koreff.

Napoleons General Sebastiani engagierte Henriette Mendelssohn als Erzieherin seiner Tochter Fanny, über die Henriette einmal schrieb: »Sie wird täglich schöner, besser und bedeutender, wenn auch nicht unterrichteter; was hilft das aber? Ich sehe die sogenannte große Welt mit ihren verderblichen Forderungen und Versprechungen wie eine gewaltige Schneelawine näher kommen und alles mühsam Erreichte und Gepflanzte in einem Moment zerstören.«

Dieser Moment allerdings kam in einer anderen Weise, als ihn sich Henriette Mendelssohn hatte vorstellen können. Fanny Sebastiani heiratete den Herzog von Choiseul-Praslin, der seine Frau 1847 ermordete. Das zu erleben blieb Henriette Mendelssohn erspart. Nach der Heirat Fannys kehrte sie nach Berlin zurück, wo sie zum katholischen Glauben konvertierte. Sie starb am 9. November 1831.

Bankier in Hamburg

Abraham Mendelssohn, geboren am 10. Dezember 1776, war erst zehn Jahre alt, als sein Vater starb. Seine Erziehung bekam er durch seine Mutter Fromet, aber auch durch seine älteren Geschwister Brendel (Dorothea) und Joseph. Seine Berufsausbildung begann er als Angestellter des Bankhauses Fould & Co in Paris. Dort war er viel mit seiner Schwester Henriette zusammen, durch die er wahrscheinlich auch deren Freundin Lea Salomon kennenlernte, die bald seine Frau wurde.

Auf einer Reise von Berlin nach Paris machte er in Frankfurt a. M. die Bekanntschaft Goethes. Er hat diese Begegnung in einem Brief vom 1. September 1797 an Karl Friedrich Zelter geschildert, und dieser Brief stellt dem Einundzwanzigjährigen ein so beachtliches Zeugnis seiner Beschreibungs- und Charakterisierungskunst aus, daß er hier ausführlich zitiert sei:

»Meine im Anfang sehr traurige Stimmung in Frankfurt am Main hat auf einmal eine günstige und für mich sehr glückliche Wendung genommen; ich habe, wie Ihnen die Veit [seine Schwester Dorothea] auch schon erzählt haben wird, einen Menschen gesehen, der mir eine Menschheit wert war, Goethe. Lassen Sie sich diese Geschichte etwas ausführlich erzählen, Sie glauben nicht, wie es mich freut, daran denken zu können. Ich gehe eines Abends mit Veit *[seinem Schwager Simon Veit]* in das Theater, ennuyiert und verdrießlich; wir bleiben einen Augenblick auf dem Platz stehen, als mich Veit auf einmal anstieß und mir leise zuschrie, da ist Goethe! Da ich gar nicht mehr daran dachte, ihn in Frankfurt zu finden, so wußte ich gar nicht, was Veit wollte, und sah ihn nur immer an; indes kam Goethe bei uns vorbei, und sobald ich ihn nur im Auge bekam, erkannte ich ihn; er führte seine Mutter, eine alte geschminkte prätensionsvolle Frau, nach die Komödie. Wir gingen ihm nach, zum Glück läßt er seine Mutter allein hineingehen, und geht zurück; Veit redet ihn an, und ich bleibe in der Entfernung, er erlaubt ihm, den andern Tag zu ihm zu kommen und mich mitzubringen. Von dem Stück, das ich nun aufführen sah, weiß ich Ihnen nicht viel zu erzählen, ich dachte an meinen Besuch auf morgen, und zwar mit einer gemischten Empfindung, man hatte mir immer so viel von seinem Stolz und seiner Herabsetzung erzählt, dazu kam, daß ich ihn nur

85

in der Ferne und daher nur seine steife Figur, die er mit vieler grandezza trägt, gesehen hatte; mir wurde ziemlich angst. Den andern Tag um 12 Uhr gingen wir zu ihn, er hatte uns erwartet; man führte uns in ein Zimmer, wo wir einige Minuten allein waren, alsdann trat er herein. Sind Sie ein Sohn von Mendelssohn? fragte er mich, und das war das erstemal, daß ich meinen Vater ohne Beiwort und so nennen hörte, wie ich es immer wünschte. Nachdem ich es bejaht hatte, wurde das Gespräch bald allgemein und interessant. Was soll ich zu eurem Lobe sagen? oder vielmehr, was soll ich zuerst sagen? Man hatte gerade damals *Palmira* [von Antonio Salieri] mit vieler Pracht in Frankfurt gegeben (was ich zu sehen versäumt), er sprach darüber mit uns mit einer Schonung, mit einem Blick aufs Ganze, und doch so feiner Einsicht des einzelnen, wie nur ein solcher Kenner sprechen kann. Man wundert sich, daß der Geschmack an Opern und Operetten auf unsern Theatern prädominiert? sagt er zuletzt, ich wundre mich nicht, in unsern Opern und Operetten ist doch wenigstens Kunst, und auch von der findet man nichts in unsern Schauspielen; das sind seine eigne Worte. Ich erzählte ihm darauf, daß ich Schillern von Ihnen Kompositionen zu dem neuen Almanach mitgebracht hätte, er frug mich, ob ich nicht wüßte, was Sie komponiert haben? und ich nannte ihm, um alle Indiskretion zu vermeiden, nur die, welche ich bei Schiller gesungen hatte. Ich sagte ihm darauf, daß eine Reise nach Jena eines von Ihren Lieblingsprojekten wäre, das Sie gewiß einmal ausführen würden. Ich wünschte, daß er es bald täte, sagte er! ich freue mich sehr, ihn zu sehen. Er schätzt Ihre Kompositionen sehr, und was Sie noch mehr freuen muß, er schließt davon auf Sie selbst, und ich beneide Sie sehr um Ihre Unterredungen mit ihm. *Reisen Sie nach Jena.* Nach einer halbstündigen Unterredung, die mir wahrlich stärkend war, gingen wir fort. Am andern Tag war ich wieder in Komödie, ich seh mich sogleich nach Goethe um, und entdecke ihn in der dritten Loge von mir. Veit war gerade zu Haus geblieben; am Ende des zweiten Akts gehe ich heraus, und habe das Glück, ihn auf dem Gang zu begegnen; er erkennt mich, erwidert mein Kompliment mit vieler Höflichkeit, und da ich sogleich vorgehen will, so redet er mich an, und ich sprach wieder eine halbe Stunde mit ihm. Da soll was sehr Seltenes bei ihm sein, und ein Beweis, daß ich ihm nicht mißfallen habe. Den hat die Natur zum großen Mann gezeichnet, und in seinem Auge steht alles da, was er jemals Gutes und Großes gemacht hat; wenn man ihm gegenüber steht und ihm scharf ins Auge sieht, so erweitert sich der Raum zwischen ihm unmerklich und ganz ungeheuer, man hört ihn kaum mehr sprechen, und weiß doch ganz genau, was er gesagt hat; ich kann Ihnen meine Empfindung nicht so deutlich machen, aber seine Augen sind göttlich, Sie werden sie sehen. Ich kam einigemal in Verlegenheit, denn ich sah ihn äußerst scharf und oft an, und er hat die Gewohnheit, jeden, den er zum erstenmal sieht, ganz genau und fast unverrückt mit *seinen Augen* anzusehen; daher wir uns oft begegneten. Der nur kann Goethe stolz finden, der gern alles zu sich herunterziehen will und die Mühe, sich ein wenig anzustrengen, und zu überdenken, was er spricht, scheut, mir machte es ein unendliches Vergnügen, mich in seiner Gegenwart gewissermaßen erhoben zu fühlen. Noch mag es manchem auffallen, daß Goethe sich nicht wie mancher andre empressiert, das Gespräch ununterbrochen, sei es auch mit den kleinsten Kleinigkeiten, fortzuführen; er schweigt manch-

87

Lea Mendelssohn Bartholdy, gezeichnet von Wilhelm Hensel. Die Inschrift lautet: »Keinen hat es noch gereut, / Der das Roß bestiegen, / Um in frischer Jugendzeit / durch die Welt zu fliegen. / Ruhm streuet Rosen / Schnell in die Bahn, / Führet den Künstler / stets höher hinan. «

Abraham Mendelssohn Bartholdy, gezeichnet von Wilhelm Hensel, 1823. Der Dargestellte hat dazu geschrieben: »Schaffet fort am guten Werke / Mit Besonnenheit u. Stärke! / Laßt Euch nicht das Lob bethören, / Laßt Euch nicht den Tadel stören. – symb: Hilf dir! hilft dir Gott. / Berlin, Juny 1823. AMBy.«

mal fünf Minuten lang, und fängt nicht eher wieder zu reden an, bis er was Interessantes sagen kann.«

Man sieht: Das Briefeschreiben, auf das sich ja auch Moses Mendelssohn so trefflich verstand, war offenbar eine Familieneigentümlichkeit, die sich in der Enkelgeneration bei Fanny und Felix zur Meisterschaft steigerte. Ich habe Abrahams Brief auch deshalb so umfangreich wiedergegeben, weil wir hier gleichsam zu Zeugen werden, wie der Goethe-Kult in der Familie Mendelssohn heimisch wurde und mehr noch: daß die Altersfreundschaft zwischen Goethe und Zelter fast von Abraham gestiftet worden ist. Den ersten Brief an Zelter schrieb Goethe zwei Jahre später, 1799; persönlich lernten sich beide im Februar 1802 kennen.

Sie las Homer im Urtext

Lea Salomon, die 1804 Abrahams Frau geworden war, kam aus einer bekannten jüdischen Familie Berlins, Enkelin des Bankiers Daniel Itzig. Sie hatte eine sehr gute Erziehung genossen, sprach Französisch und Englisch und soll sogar imstande gewesen sein, Homer im griechischen Urtext zu lesen. Sie spielte Cembalo, und die Legende will wissen, sie sei eine Schülerin Johann Philipp Kirnbergers gewesen, eines Schülers von Johann Sebastian Bach. Aber das dürfte kaum möglich sein, denn als Kirnberger 1783 in Berlin starb, zählte Lea gerade erst sechs Jahre und konnte somit wohl schwerlich von einem Bachschüler in der Kunst des Cembalospiels unterwiesen worden sein.

Joseph Mendelssohn hatte in Hamburg 1801 eine Filiale seines Berliner Bankhauses gegründet und war 1804 selbst mit seiner Familie nach Hamburg gezogen; übrigens lebte Mutter Fromet seit 1800 im benachbarten, damals dänischen Altona. Abraham und Lea folgten und wohnten in der (heute nicht mehr existierenden) Großen Michaelisstraße, wo auch Joseph und seine Familie lebte und wo sich die Geschäftsräume der Bank befanden, die von den Brüdern gemeinsam betrieben wurde. Abraham kaufte oder mietete in Neumühlen an der Elbchaussee wie so viele vermögende Hamburger ein Landhaus, genannt »Martens Mühle«.

Als erstes Kind wurde dem Paar 1805 Fanny geboren; ihr folgten 1809 Felix und 1811 Rebecka. Schwierigkeiten mit der französischen Verwaltung (seit Dezember 1810 war Hamburg dem Kaiserreich Napoleons einverleibt worden) zwangen die Mendelssohns, 1811 überstürzt Hamburg zu verlassen. Sie kehrten nach Berlin zurück, wo 1813 Paul, das vierte und letzte Kind der Mendelssohns, in der Neuen Promenade Nr. 7 geboren wurde. Das weitere Schicksal von Abraham und Lea Mendelssohn wird im folgenden Kapitel dargestellt.

Nathan, das letzte Kind von Moses und Fromet Mendelssohn, wurde am 7. Januar 1782 geboren, war also bei seines Vaters Tode gerade erst vier Jahre alt. Von ihm, der preußischer Beamter wurde, ist nichts Bemerkenswertes bekannt. Als er 1852 mit 70 Jahren starb, waren alle seine Geschwister längst tot. Aus seiner Ehe mit Henriette Itzig gingen drei Kinder hervor. Sein Enkel war der Komponist Arnold Mendelssohn.

Täglich drei Küsse von Goethe

Den erst 25 Jahre alten Städtischen Musikdirektor in Düsseldorf portraitierte im April 1834 Wilhelm Schadow: Felix Mendelssohn Bartholdy am Beginn seiner großen Laufbahn; die Werke op. 1 bis op. 32 lagen bereits im Druck vor.

»Glücklicher Mensch! Dich erwartet wohl nur ein kurzes Ephemeren-Leben, aber Liebe, Glück und Kunst haben es aus Licht und Wärme Dir gewoben! Zieh hin und sinke, wenn es sein muß, wie alles Schöne im Frühlinge dahin!«

Felix Mendelssohn war gerade erst zwölf Jahre alt, als Adele Schopenhauer, die Schwester des Philosophen, diese Sätze in ihr Tagebuch schrieb. Und da er tatsächlich nur 38 Jahre alt geworden ist, bewegen uns solche Worte ganz besonders. Die Frühverstorbenen sind nun einmal der Deutschen Lieblinge; gilt es ihr Andenken zu feiern, mischen sich nur zu oft Sentimentalität und schlechte Poesie.

> »Ich klage nicht um dich, du hast gelebt;
> An Jahren jung, an Werken wie ein Greis,
> Als Knabe Meister, hast das Lorbeerreis
> In ungebleichte Locken du verwebt.
> Kurz war dein Pfad, doch trug er Blum'
> an Blume,
> Und wie Achill sankst du in deinem Ruhme.«

So dichtete pathetisch Emanuel Geibel. Mendelssohns Freund Eduard Devrient meinte in seinen 1868 veröffentlichten »Meine Erinnerungen an Felix Mendelssohn Bartholdy«: »So reich begünstigt und begabt, so viel geliebt und viel bewundert, und dabei so stark an Geist und Gemüt, daß er niemals den Zügel der religiösen Selbstführung, niemals das Maß der Bescheidenheit und Demut verlor, sich nie den Sporn der Pflichterfüllung ersparte. Die Erde hat ihm keine ihrer Freuden versagt, der Himmel gewährte ihm alle Befriedigung seines Seelenlebens. Was wogen, gegen diesen Umfang von Friede und Freuden, die Stunden ärgerlicher

Hamburg, Große Michaelisstraße 14: In diesem Haus wurde Felix Mendelssohn als erster Sohn des Ehepaars Abraham und Lea Mendelssohn am 3. Februar 1809 geboren, hier verbrachte er seine beiden ersten Lebensjahre, Beginn einer glücklichen Kindheit. Die politischen Verhältnisse im damals französisch besetzten Hamburg zwangen die Mendelssohns, fast fluchtartig die Stadt zu verlassen und nach Berlin überzusiedeln.

*Um 1821/22 portraitierte Wilhelm Hensel den Wunder-
knaben Felix am Klavier. So sah ihn auch Goethe. Als diese
Zeichnung entstand, komponierte Felix seine zwölf Streichersymphonien.*

Launen, die Tage der Trübsal und die des tödlichen Mißbehagens an den falschen Ehren, die man ihm bot! Der rasche Tod, in Mitte neu unternommener Arbeiten und weitsehender Entwürfe, der ihn der Angst und Unruhe der Welt enthob, vollendete diese glänzende Erscheinung eines wahrhaft glücklichen und beglückenden Menschen.«

Das Wort »Glück« markiert den Lebensweg Mendelssohns und wird auf kaum einen Künstler so gern und so oft angewendet wie auf ihn, dessen Vorname »Felix« ja auch »Der Glückliche« bedeutet. Nun ist Glückhaben noch kein persönliches Verdienst; entscheidend ist, wie einer sein Glück empfängt und verwaltet, gesetzt, »Glück« sei so etwas wie eine unantastbare Größe, die nicht mißverstanden werden kann. Betrachten wir also die Lebensstationen dieses in der Tat vom Glück begünstigten Künstlers, der aber das ihm Zugefallene täglich in harter Arbeit bis zur Erschöpfung sicherte, ein Künstler, den Friedrich Nietzsches gefährliche Formulierung »den schönen Zwischenfall der deutschen Musik« genannt hat, verfolgen wir den Weg eines Menschen, der mit der Bürde »Glück« in einem nur kurzen, sich selbst verzehrenden Leben fertigwerden mußte.

»Weder Möbel noch Wirtschaftssachen kann ich bis jetzt anschaffen, weil mir nicht der geringste Raum bleibt; auch wird das Chaos erst geordnet, wenn wir das Land beziehen, wozu uns schon ein hübsches, an der Elbe dicht bei Neumühlen gelegenes und mit einem Balkon verziertes Landhaus vorgeschlagen worden, das wir nächstens sehen wollen.«

Das Landhaus an der Elbe, das hier die frisch verheiratete Lea Mendelssohn erwähnt, hieß – nach seinem Vorbesitzer – »Martens Mühle«. Der Bankier Abraham Mendelssohn und seine Frau haben gerne darin gewohnt, und offenbar ist hier auch Sohn Felix gezeugt worden, denn Abraham schreibt einmal später in einem Brief an Lea: »Liebe Frau, wir erleben einige Freude an diesem jungen Mann, und ich denke manchmal, Martens Mühle soll leben.« Geboren aber wurde Felix am 3. Februar 1809 im Stadthaus der Mendelssohns, der Hamburger Großen Michaelisstraße. Wie schon erwähnt, mußte Abraham Mendelssohn mit seiner Familie Hamburg 1811 fast fluchtartig verlassen wegen zunehmender Differenzen mit der französischen Besatzungsmacht; die Familie ging nach Berlin.

Hier bekamen die Kinder – Fanny, Felix, Rebecka und Paul – hervorragende Hauslehrer, denn eine allgemeine Schulpflicht gab es damals noch nicht. Es gab Privatschulen, mehr oder weniger kostspielig, aber wer es sich leisten konnte, engagierte sich Privatlehrer, und natürlich konnte ein Abraham Mendelssohn sich die besten leisten.

Den allgemeinen Unterricht versah Dr. Karl Wilhelm Ludwig Heyse (der Vater des Schriftstellers Paul Heyse). Klavierunterricht bekam Felix mit sieben Jahren – bis dahin hatte ihn die Mutter unterwiesen – bei dem vielgefeierten Ludwig Berger, dessen eindrucksvolles Spiel E. T. A. Hoffmann nicht genug zu rühmen wußte; das Violinspiel erlernte er zunächst bei Carl Wilhelm Henning, dem Zweiten Konzertmeister an der Oper, und etwas später bei Eduard Rietz, der den nur um sieben Jahre Jüngeren auch auf der Bratsche unterrichtete und ein Freund fürs Leben wurde. Den Chorgesang pflegten die Mendelssohns an der Berliner Singakademie, deren Leiter Carl Friedrich Zelter war, Goethes Altersfreund. Vor Zelters rauhem Ton fürchteten sich alle, seine hohe Qualifikation blieb aber unbestritten.

Maurer, Baumeister, Komponist

Zelter war der Sohn eines Berliner Maurermeisters und Bauunternehmers, erlernte selber das Maurerhandwerk und wurde Baumeister. Aber die Musik begleitete von früh an sein Leben, vom verständnisvollen Vater durchaus gefördert. Die Leitung der Berliner Sing-Akademie, eine Gründung seines Lehrers Karl Friedrich Christian Fasch, übernahm Zelter 1800 unmittelbar nach dem Tod seines Lehrers. Als Komponist wurde Zelter vor allem mit seinen Liedern populär, und sie hatten – davon war schon die Rede – sowohl Schillers wie auch Goethes Aufmerksamkeit gefunden. Seine unermüdliche Tätigkeit für das Berliner Musikleben wurde 1809 mit dem Titel »Professor für Musik« belohnt, und zehn Jahre später gründete Zelter in Berlin die »Musikalische Bildungsanstalt«, aus der dann die Staatliche Akademie für Kirchen- und Schulmusik wurde. Schwer traf ihn der Selbstmord seines Stiefsohns, aber der Schlag brachte ihm einen Trostbrief Goethes, in dem der Dichter dem Gebeugten das Du der Freundschaft antrug, und so entwickelte sich eine Altersfreundschaft zwischen diesen beiden so ganz verschiedenen Männern, die sich für beide bis zum Tode bewährte.

Zelter also übernahm 1819 den Kompositionsunterricht von Fanny und Felix, und ein Jahr später kam der Landschaftsmaler Johann Gottlob Samuel Rösel als Zeichenlehrer ins Haus Neue Promenade Nr. 7. Die Ausbildung der Kinder (Paul bekam Violoncello-Unterricht) lag also in den besten Händen, und damit es an Musikalien nicht fehlte, hatte Abraham Mendelssohn alle Klavierneuheiten abonniert. Zum Unterrichtspensum gehörte neben der Musik und dem Zeichnen natürlich Lesen, Schreiben und Rechnen, Mathematik und vier Sprachen: Griechisch, Lateinisch, Französisch und Englisch. Und wie in den Bürgerhäusern jener Zeit üblich, gab es auch eine gründliche Unterweisung im Tanzen.

Für freie Stunden blieb da nicht viel Zeit übrig. Nun wurde »Müßiggang« bei Kindern damals überhaupt nicht gern gesehen und ihnen eingeprägt, daß dies »aller Laster Anfang« sei. In den unteren Klassen mußten Kinder schon sehr früh arbeiten und Geld verdienen; eine Arbeiterfamilie war darauf angewiesen. Bei den Begüterten hingegen achtete man darauf, den Unterricht und das Lernen als eine fast unausgesetzte Beschäftigungstherapie anzuwenden. Allein schon das Üben auf Klavier, Violine und Bratsche erforderte viel Zeit, aber hinzukamen ja tagtäglich die vielen Aufgaben in den anderen Disziplinen, man denke nur an das gleichzeitige Erlernen von vier Sprachen.

Eric Werner hat in seiner Mendelssohn-Biographie darauf hingewiesen, daß dieses unausgesetzte Tätigsein auch »ein Überbleibsel jüdisch-puritanischen Denkens« gewesen sei, »in dem ›Zeitvertreib‹ oder Spiel als Sünde angesehen werden«. Das ist gewiß richtig, aber man muß auch hier wieder die Stellung der Juden in der christlichen Gesellschaft nicht vergessen. Um zu reüssieren, mußten die Juden – nach Jahrhunderten allgemeiner Benachteiligung, die sie auch lange von vielen Berufen ausschloß – nicht nur das geistige Niveau der Christen in all ihren Kenntnissen erreichen, sie mußten in jedem Falle sogar noch besser sein.

Am 21. März 1816 ließ Abraham Mendelssohn seine Kinder in der Berliner Neuen Kirche evangelisch taufen. Jakob Salomon, der Bruder Leas, gleichfalls zum Christentum

Das

Mädchen von Andros,

eine Komödie des Terentius,

in

den Versmafsen des Originals

übersetzt

von

*F****.*

Mit Einleitung und Anmerkungen

herausgegeben

von

K. W. L. Heyse.

Angehängt ist die 9te Satire des Horatius, übersetzt von dem Herausgeber.

Berlin, 1826.

Bei Ferdinand Dümmler.

»Das Mädchen von Andros«, eine Komödie des römischen Lustspieldichters Terenz, übertrug der siebzehnjährige Felix aus dem Lateinischen ins Deutsche, und sein Lehrer Heyse ließ die Übersetzung drucken.

*Carl Friedrich Zelter, 1829 gezeichnet von Wilhelm
Hensel. Sein grobianisch polternder Ton war allgemein
gefürchtet, sein musikalischer Geschmack rückwärts ge-
wandt, aber er war ein vortrefflicher Lehrer, dessen gründ-
lichem Kompositionsunterricht Felix und Fanny Mendelssohn viel zu danken hatten. Genialität konnte und wollte
er nicht vermitteln, wohl aber solides Handwerk.*

*Fanny, die hochbegabte Schwester, gezeichnet von ihrem
späteren Ehemann Wilhelm Hensel. Fanny hat dazu geschrieben:* »Was belohnet den Meister? / Der zart antwor-
tende Nachklang / Und der reine Reflex / aus der begegnen-
den Brust. F. M. «

Jacob Bartholdy (1774-1825), der Bruder Leas, von Felix wenig geliebter Onkel. Zeichnung von Julius Schnorr von Carolsfeld um 1823.

Partitur des zwölfjährigen Felix mit der Glanznummer aus seinem Sing-spiel »Die beiden Pädagogen«, dem so kuriosen wie absurden Streit um die wahre Lehre: Basedow oder Pestalozzi? Wenn auch die Vorbilder deutlich durchschimmern: Die eigene Tonsprache wird erkennbar, und ungewöhn-lich ist die brillante Beherrschung der kompositorischen Mittel.

Brief des dreizehnjährigen Felix an seinen Orgellehrer August Wilhelm Bach vom 3. Mai 1822: »Können wir heute Nachmittag spielen? Giebt es keine Hochzeit? keine Einsegnung?«

übergetreten, hatte den Namen Bartholdy angenommen und schrieb nun seinem Schwager Abraham:

»Du sagst, Du seiest es dem Andenken Deines Vaters schuldig – glaubst Du denn etwas Übeles getan zu haben, Deinen Kindern diejenige Religion zu geben, die Du für sie für die bessere hältst? Es ist geradezu eine Huldigung, die Du und wir alle den Bemühungen Deines Vaters um die wahre Aufklärung im allgemeinen zollen, und er hätte wie Du für Deine Kinder vielleicht wie ich für meine Person gehandelt. Man kann einer gedrückten, verfolgten Religion getreu bleiben; man kann sie seinen Kindern als eine Anwartschaft auf ein sich das Leben hindurch verlängerndes Märtyrertum aufzwingen – solange man sie für die Alleinseligmachende hält. Aber sowie man dies nicht mehr glaubt, ist es eine Barbarei. – Ich würde raten, daß Du den Namen Mendelssohn Bartholdy zur Unterscheidung von den übrigen Mendelssohns annimmst.«

Abraham folgte diesem Rat; er selber ließ sich sechs Jahre später taufen, und anders als für Felix, der ein überzeugter Christ wurde, blieb für Abraham die Taufe das, was sie für Heinrich Heine bedeutete: das »Entréebillett zur europäischen Kultur«.

Im Alter von neun Jahren trat Felix erstmals öffentlich auf: Er begleitete den Waldhorn-Virtuosen Joseph Gugel und dessen zehnjährigen Sohn bei der Aufführung eines Trios für zwei Hörner und Klavier. Fanny beeindruckte im selben Jahr mit dem – freilich nicht öffentlichen – Vortrag von 24 Präludien J. S. Bachs (auswendig) und bestätigte somit den Satz, den Vater Abraham 1805 gleich nach ihrer Geburt an seine Schwiegermutter geschrieben hatte: »Lea findet, das Kind habe Bachsche Fugenfinger.«

Die erste Komposition von Felix, die sich erhalten hat, datiert vom 7. März 1820, ein Stück für Klavier. Daß Früheres verlorengegangen sein soll, ist schwer vorstellbar: Bei den Mendelssohns wurde nichts weggeworfen, sondern alles die Familie Betreffende liebevoll aufbewahrt. Von nun an verlief die künstlerische Entwicklung des hochbegabten Jungen in wahrhaft staunenswerter Geschwindigkeit. Mit zwölf Jahren komponierte er in weniger als drei Monaten sein – übrigens zweites – Singspiel, »Die beiden Pädagogen«. Wer das knapp einstündige Werkchen hört, wird natürlich sofort das künstlerische Vorbild Mozart bemerken (wie denn anders?) und doch verblüfft sein über die kompositorische Geschicklichkeit, die versierte Technik und das sichere Gespür für die musikalische Dramaturgie. Man faßt es nicht, daß ein Zwölfjähriger imstande ist, mit musikalischen Mitteln die Personen dermaßen bravourös zu charakterisieren, den betrügerischen Lakaien ebenso wie den prügelwütigen Dorfschulmeister, und mit welcher Souveränität hier Ensembles vorgestellt werden, am virtuosesten und komischsten in jenem Quartett, in dem die beiden »Pädagogen« darum streiten, ob nun Pestalozzi oder Basedow den Stein der pädagogischen Weisheit gefunden habe.

Dieses Singspiel wurde im Haus der Mendelssohns aufgeführt, die Sänger und Instrumentalisten holte Vater Abraham von der Oper, und die Musiker freuten sich über das willkommene Zubrot angesichts ihrer notorisch miserablen Bezahlung.

Aber das Jahr 1821 brachte noch zwei andere Höhepunkte sehr verschiedener Art. Am 18. Juni wurde im neueröffneten Schauspielhaus am Gendarmenmarkt (ein Meisterwerk Schinkelscher Baukunst) Carl Maria von Webers

Oper »Der Freischütz« uraufgeführt. Neben den Mendelssohns gehörten zum Premierenpublikum E. T. A. Hoffmann und Heinrich Heine. Webers romantische Oper geriet zum beispiellosen Erfolg, verhinderte aber Webers Anstellung in Berlin, denn der 1819 vom König zum Generalmusikdirektor berufene Gasparo Spontini sah in Weber einen unliebsamen Konkurrenten, und die Uraufführung war begleitet von spontinifeindlichen Kundgebungen. Der alte Zelter wollte von dieser neumodischen Oper nichts wissen, war aber großzügig genug, Felix in seiner Begeisterung für das Werk nicht zu bevormunden. Auch von Beethoven hielt Zelter nicht eben viel – sehr im Gegensatz zu den Mendelssohns –, und auch da machte er seine Autorität gegenüber Fanny und Felix nicht geltend und akzeptierte ihren Enthusiasmus.

Schon damals gab es im Mendelssohnschen Hause an der Neuen Promenade die sogenannten »Sonntagsmusiken«, von denen der Sänger Eduard Devrient (um acht Jahre älter als Felix) in seinen Erinnerungen berichtet: »... wozu der vermögende Vater dem Sohn ein kleines Orchester aus der Hofkapelle sammeln konnte, so daß Felix den unermeßlichen Vorteil genoß, schon in diesen Knabenjahren mit der Natur der Instrumente und ihrer Führung vertraut zu werden, auch seine eigenen Kompositionen in praktischer Ausführung sofort prüfen zu können. Auf einem Tabouret stand der Knabe vor seinem Notenpult und nahm sich unter den gesetzten Musikern, besonders neben dem riesigen Kontrabassisten, wunderkindlich genug aus in seinem Knabenhabit, wenn er, die langen Locken in den bloßen Nacken schüttelnd, über die Männer hinsah wie ein kleiner Feldherr, dann tapfer mit dem Taktstock einschlug und mit Ruhe und

Sicherheit und doch immer wie lauschend und aushorchend, sein Stück zu Ende dirigierte. Natürlich führte er auch andere als seine eigenen Kompositionen bei diesen Sonntagsmusiken auf, und er sowohl als Fanny spielten Trios und andere Klavierstücke zum Orchester.«

Am 26. Oktober 1821 schrieb Zelter an Goethe: »Morgen früh reise ich mit meiner Doris und einem zwölfjährigen muntern Knaben, meinem Schüler, dem Sohn des Herrn Mendelssohn, ab nach Wittenberg, um dem dortigen Feste beizuwohnen. Von Wittenberg aus sollst Du erfahren, ob ich, diese drei Mann hoch, nach Weimar komme. Da Dein Haus voll genug ist, so trete ich in meinem guten ›Elefanten‹ ab, wo ich's noch immer recht gut gehabt habe, wenn ich nur Dich wiedersehe. Mich dürstet nach Deiner Nähe. – Meiner Doris und meinem besten Schüler will ich gern Dein Angesicht zeigen, ehe ich von der Welt gehe, womit ich's freilich so lange als möglich aushalten will. – Der letztere ist ein guter hübscher Knabe, munter und gehorsam. Er ist zwar ein Judensohn, aber kein Jude. Der Vater hat mit bedeutender Aufopferung seine Söhne nicht beschneiden lassen und erzieht sie, wie sich's gehört. Es wäre wirklich einmal eppes Rores, wenn aus einem Judensohn ein Künstler würde.«

Der antisemitische Unterton ist nicht zu überhören, allein schon die Formulierung »eppes Rores«, die an das Jiddische anspielen soll, wiewohl doch Zelter von den Mendelssohns nur Wohltaten empfangen hatte, übrigens sich auch als Bankkunde nicht zu beklagen hatte. Da Zelters Lehrer Fasch ein Freund von Moses Mendelssohn gewesen war (und einige von dessen deutschen Psalmen in Musik gesetzt hatte), galt er nicht nur als der Lehrer der Kinder, sondern auch als ein Freund der Familie. Impertinent auch ist die Formulierung, der Vater erziehe seine Söhne (die er sehr wohl hatte beschneiden lassen), »wie sich's gehöre«, also nicht im »ungehörigen« jüdischen Glauben. Natürlich war Zelter kein militanter Antisemit, aber die Unüberlegtheit seiner Formulierungen zeigt, wie tief antisemitisches Denken und Empfinden in der Gesellschaft verwurzelt gewesen sind. Als dieser Brief nach Zelters Tod veröffentlicht wurde, hat er bei den Mendelssohns Bestürzung und – vor allem bei Fanny – tiefe Verbitterung ausgelöst.

Carl Friedrich und Doris Zelter (29 Jahre alt) mit Felix trafen am 3. November in Weimar ein. Die Familie, die keinen der Ihren jemals aus den Augen ließ, hatte dem Knaben schriftliche Verhaltensregeln mit ins Gepäck gegeben. »Öffne Deine Sinne!« So Vater Abraham. »Ich werde Dich, lieber Junge, sooft ich Dir schreibe, ermahnen: Beobachte Dich selbst streng, setze und halte Dich besonders bei Tisch anständig, spreche deutlich und angemessen, suche so viel als möglich das richtige Wort zu treffen! – Daß Du fromm, sittsam, Deinem väterlichen Freunde und Führer gehorsam und unser oft in Liebe eingedenk seiest, das brauche ich Dir wohl nicht zu empfehlen, denn Du bist ja ein guter Kerl.«

»Ein Mäuschen möchte ich sein«, wünschte sich Mutter Lea, »um meinen lieben Felix in der Fremde zu sehen und sein Benehmen als selbständiger Jüngling zu belauschen. Schnappe nur jedes Wort von Goethe auf! Alles will ich von ihm wissen.«

Und Fanny, das sechzehnjährige pädagogische Schwesterherz: »Wenn Du zu Goethe kommst, sperre Augen und Ohren auf, ich rate es Dir! Und kannst Du bei Deiner Rückkehr nicht jedes Wort aus seinem Munde erzählen, so sind wir Freunde gewesen!«

Dieser Ermahnung bedurfte es wahrlich nicht. Schon die erste Epistel an die Familie über die Begegnung mit Goethe erweist nicht nur den Zwölfjährigen als exzellenten Briefschreiber, sondern auch als einen vorzüglichen Beobachter mit einem ausgeprägten Sinn für Ironie und Humor:

»Jetzt hört alle, alle zu. Heut ist Dienstag. Sonntag kam die Sonne von Weimar, Goethe, an. Am Morgen gingen wir in die Kirche, wo der 100. Psalm von Händel halb gegeben wurde. Die Orgel ist groß und doch schwach, die Marienorgel ist, obwohl kleiner, doch viel mächtiger. Die hiesige hat 50 Register, 44 Stimmen und 1 mal 32 Fuß. Nachher schrieb ich euch den kleinen Brief vom 4. und ging nach dem ›Elephanten‹, wo ich Lucas Cranachs Haus zeichnete. Nach 2 Stunden kam Professor Zelter. Goethe ist da, der alte Herr ist da! Gleich waren wir die Treppe herunter; in Goethens Haus. Er war im Garten, und er kam eben um eine Hecke herum; ist dies nicht sonderbar, lieber Vater, ebenso ging es auch dir. Er ist sehr freundlich, doch alle Bildnisse von ihm finde ich nicht ähnlich. Er sah sich dann seine interessante Sammlung von Versteinerungen an, welche der Sohn geordnet, und sagte immer: Hm, Hm, ich bin recht zufrieden; nachher ging ich noch eine halbe Stunde im Garten mit ihm und Prof. Zelter. Dann zu Tisch. Man hält ihn nicht für einen Dreiundsiebenziger, sondern für einen Fünfziger. Nach Tische bat sich Fräulein Ulrike, die Schwester der Frau von Goethe, einen Kuß aus, und ich machte es ebenso. Jeden Morgen erhalte ich vom Autor des Faust und des Werther einen Kuß, und jeden Nachmittag vom Vater und Freund Goethe zwei Küsse. Bedenkt!! (...) Nachmittag spielte ich Goethen über 2 Stunden vor, teils Fugen von Bach, teils phantasierte ich. Den Abend spielte man Whist, und Prof. Zelter, der zuerst mitspielte, sagte: Whist heißt, du sollst das Maul halten. Ein Kraftausdruck! Den Abend aßen wir alle zusammen, auch sogar Goethe, der sonst niemals zu Abend ißt. Nun meine liebe hustende Fanny! Gestern früh brachte ich Deine Lieder der Frau von Goethe, die eine hübsche Stimme hat. Sie wird sie dem alten Herrn vorsingen. Ich sagte es ihm auch schon, daß Du sie gemacht hättest, und fragte, ob er sie wohl hören wollte. Er sagte ja, sehr gerne. Der Frau von Goethe gefallen sie besonders. Ein gutes Omen. Heute oder morgen soll er sie hören.«

Die Begabung und der Charme des Zwölfjährigen beeindruckten Goethe von Tag zu Tag mehr. Felix mußte sich wieder und wieder produzieren. Er improvisierte Variationen über ein von Zelter gegebenes Thema. Ludwig Rellstab, der Berliner Musikkritiker, berichtet, wohl von Zelter genauestens informiert:

»Mit einem ihm schon damals eigenen richtigen Takte dehnte der junge Künstler sein Spiel nicht zu lange aus. Desto größer war der Eindruck gewesen. Ein überraschtes, gefesseltes Schweigen herrschte, als er die Hände nach einem energisch aufschnellenden Schlußakkord von der Klaviatur nahm, um sie nunmehr ruhen zu lassen.

Zelter war der erste, der die Stille unterbrach, indem er laut sagte: ›Na, du hast wohl von Kobolden und Drachen geträumt. Das ging ja über Stock und Block!‹ – Goethe war von der wärmsten Freude erfüllt. Er herzte den kleinen Künstler, indem er ihm den Kopf zwischen die Hände nahm, ihn freundlich streichelte und scherzend sprach:

›Aber damit kommst du nicht durch! Du mußt uns noch mehr hören lassen, bevor wir dich ganz anerkennen!‹

›Aber was soll ich noch spielen?‹ fragte Felix.

Goethe war ein großer Freund der Bachschen Fugen. Es wurde also an Felix die Aufforderung gestellt, auch eine Fuge des Altmeisters vorzutragen. Der Knabe spielte dieselbe völlig unvorbereitet mit vollendeter Sicherheit. Goethes Freude wuchs bei dem erstaunenswerten Vortrag des Knaben. Weiterhin forderte er ihn auf, ein Menuett zu spielen.

›Soll ich das schönste, das es in der ganzen Welt gibt, wählen?‹ fragte er mit leuchtenden Augen, – ›Nun, und welches wäre das?‹

Felix spielte das Menuett aus ›Don Juan‹. Goethe blieb fortdauernd lauschend am Instrument stehen, die Freude glänzte in seinen Zügen. – Er wünschte nach dem Menuett auch die Ouvertüre der Oper. Doch diese schlug der kleine Spieler rund ab mit der Bemerkung, sie lasse sich nicht so spielen, wie sie geschrieben stehe, und ändern dürfe man nichts daran. Dagegen erbot er sich, die Ouvertüre zu ›Figaro‹ zuzugeben. Er begann sie mit überraschender Leichtigkeit der Hand, Sicherheit, Rundung und Klarheit in den Passagen. Dabei führte er die Orchestereffekte so vortrefflich aus, machte so viele feine Züge in der Instrumentation bemerkbar durch mitgeteilte oder deutlich hervorgehobene Stimmen, daß die Wirkung eine hinreißende war.

Goethe wurde immer heiterer, immer freundlicher, ja er trieb Scherz und Neckerei mit dem geist- und lebensvollen Knaben. – ›Bis jetzt‹, sprach er, ›hast du mir nur Stücke gespielt, die du kanntest; jetzt wollen wir einmal sehen, ob du auch etwas spielen kannst, was du noch nicht kennst. Ich

werde dich auf die Probe stellen.‹ – Er ging hinaus und kam
nach einigen Minuten zurück, mit mehreren Blättern ge-
schriebener Noten in der Hand. – ›Da habe ich einiges aus
meiner Manuskriptsammlung geholt. Nun wollen wir dich
prüfen. Wirst du das hier spielen können?‹ Goethe legte ein
Blatt mit klar, aber klein geschriebenen Noten auf das Pult.
Es war Mozarts Handschrift. Felix erglühte freudig bei dem
Namen. Er spielte mit voller Sicherheit das nicht leicht zu
lesende Manuskript vom Blatt. Der Vortrag war so, als
wisse es der Spieler seit Jahren auswendig, so sicher, so klar,
so abgewogen.

›Das ist noch nichts‹, rief Goethe, ›das können auch andere lesen. Jetzt will ich dir aber etwas geben, wobei du stekkenbleiben wirst. Nun nimm dich in acht!‹

Mit diesem scherzenden Tone langte er ein anderes Blatt
hervor und legte es aufs Pult. Das sah in der Tat seltsam aus.
Man wußte kaum, ob es Noten waren oder ein liniertes, mit
Tinte besprütztes, an unzähligen Stellen verwischtes Blatt.
Felix lachte verwundert auf.

›Wie ist das geschrieben! Wie soll man das lesen?‹ rief er
aus. Doch plötzlich wurde er ernsthaft, denn indem Goethe
die Frage aussprach: ›Nun rate einmal, wer das geschrieben?‹ rief Zelter schon, der hinzugetreten war und dem am
Instrument sitzenden Knaben über die Achsel schaute: ›Das
hat ja Beethoven geschrieben! Das kann man auf eine Meile
sehen! Der schreibt immer wie mit einem Besenstiel und mit
dem Ärmel über die frischen Noten gewischt!‹

Bei dem Namen ›Beethoven‹ war Felix ernsthaft geworden. Ein heiliges Staunen verriet sich in seinen Zügen. Er
blickte unverwandt auf das Manuskript, und leuchtende
Überraschung überflog seine Züge. Dies alles währte aber

nur Sekunden, denn Goethe wollte die Prüfung scharf stellen und dem Spieler keine Zeit zur Vorbereitung lassen.

›Siehst du‹, rief er, ›sagt’ ich dir’s nicht, du würdest stekkenbleiben? Jetzt versuche und zeige, was du kannst!‹

Felix begann sofort zu spielen. Es war ein einfaches Lied, aber um aus ausgestrichenen, halb verwischten Noten die gültigen herauszufinden, bedurfte es einer seltenen Schnelligkeit und Sicherheit des Überblicks. – Beim ersten Durchspielen hatte denn auch Felix oft lachend mit dem Finger die richtige Note zu zeigen, die an ganz anderer Stelle gesucht werden mußte, und mancher Fehlgriff ward mit einem raschen ›Nein, so!‹ verbessert. – Dann rief er: ›Jetzt will ich es Ihnen vorspielen!‹ – Und das zweite Mal fehlte auch nicht eine Note. – ›Das ist Beethoven!‹ rief er einmal, als er auf einen melodischen Zug stieß, der ihm die Eigenart des Künstlers auszuprägen schien, ›das ist ganz Beethoven, daran hätte ich ihn erkannt!‹

Mit diesem letzten Probestück ließ es Goethe genug sein. Es war auch wahrlich mehr als genug, um des Knaben glänzende Begabung in das hellste Licht zu stellen.«

Das Lied Beethovens, das Felix aus Goethes Autographensammlung vortrug, war eine Goethe-Vertonung: »Wonne der Wehmut« (op. 83, Nr. 1) von 1810. Auch der zweite Brief des Zwölfjährigen zeigt, in welchem Maße das Kind Goethes Herz gewonnen hatte: »Ich spiele hier viel mehr als zu Hause, unter vier Stunden selten, zuweilen sechs, ja wohl gar acht Stunden. – Alle Nachmittage macht Goethe das Streichersche Instrument mit den Worten auf: ›Ich habe dich heute noch gar nicht gehört. Mache mir ein wenig Lärm vor!‹ und dann pflegt er sich neben mich zu setzen, und wenn ich fertig bin (ich phantasiere gewöhn-

Zahlungsanweisung von Carl Friedrich Zelter an das Bankhaus Mendelssohn vom 13. April 1819 über einen Wechsel für seinen Sohn in Höhe von fünftausend Talern. Zelter war den Mendelssohns auch geschäftlich verbunden.

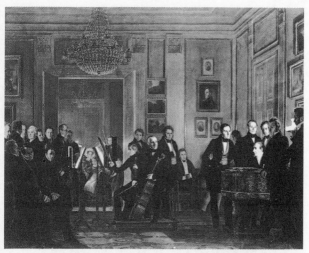

*Musikalische Soirée 1834, gezeichnet von Wilhelm Marstrand. So ähnlich,
wie hier dargestellt, wird man sich die Atmosphäre bei den Konzerten im
Hause Mendelssohn in der Leipziger Straße vorstellen dürfen.*

*Felix Mendelssohn im Alter von etwa zwölf Jahren. Zeich-
nung von Wilhelm Hensel. In diesem Alter besuchte er erstmals Goethe in Begleitung seines Lehrers Zelter und machte
durch sein Spiel und seinen kindlichen Charme auf Goethe
einen nachhaltigen Eindruck.*

*Johann Wolfgang von Goethe, gemalt von Joseph Stieler.
Die für die Familie Mendelssohn geschaffene Kopie des be-
kannten Gemäldes ersetzt den ursprünglichen Text auf dem
Brief in Goethes Hand durch den auf S. 132 abgedruckten
Stammbuchvers Goethes für Felix.*

Felix, Bleistiftzeichnung von Wilhelm Hensel, datiert vom 14. November 1822 mit der Inschrift: »Im Fleiß kann Dich die Biene meistern,/In der Geschicklichkeit ein Wurm Dein Lehrer sein,/Dein Wissen theilest Du mit vorgegangenen Geistern,/Die Kunst, o Mensch, hast Du allein.«

Der Berliner Maler Carl Begas entwarf 1821 diese Öl-
skizze des zwölfjährigen Felix Mendelssohn, Vorstudie zu
einem heute verschollenen Gemälde. In diesem Jahr vollendete Felix sein Klavierquartett c-moll und gab ihm die Bezeichnung »op. 1«. Auch die Singspiele »Die Soldatenliebschaft« und »Die beiden Pädagogen« lagen bereits vor und
wurden in den »Sonntagsmusiken« in der Leipziger Straße
3 aufgeführt. Begonnen hatte er mit den zwölf Symphonien
für Streicher.

*»Blick aus dem Gasthof in Lauterbrunnen«, eine Zeichnung des dreizehn-
jährigen Felix Mendelssohn, entstanden auf seiner ersten Schweizerreise.*

*Scherenschnitt von Adele Schopenhauer für Felix. »Daß
Felix Sie so ungemein verehrt und liebenswürdig findet,
bürgt mir für seine Empfänglichkeit u. seinen guten Sinn«,
schrieb Mutter Lea an Adele Schopenhauer.*

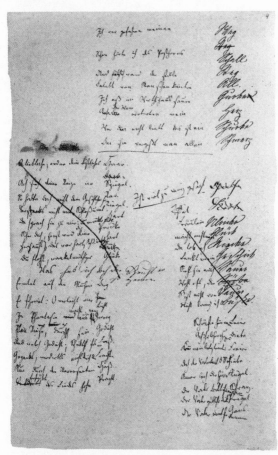

»Ist viel zu wenig gesagt«: Endreimspiele des zwölfjährigen Felix mit Goethes Schwiegertochter Ottilie. Hinter die Handschrift von Felix hat Ottilie die Reimwörter gesetzt. Entstanden während des ersten Aufenthaltes bei Goethe in Weimar.

Rebecka (links) und Fanny Mendelssohn, gezeichnet von Wilhelm Hensel 1828.

Während eines Ausflugs »d. 20sten August in Interlaken bei schlechtem Wetter 1842« zeichnete Felix die neunköpfige Reisegesellschaft. Die Nr. 9 zeigt Felix, Nr. 5 seine Frau Cécile, Nr. 8 seinen Bruder Paul.

Unten: Der etwa dreizehnjährige Felix hielt sich und seinen Bruder Paul beim Spiel in dieser Federzeichnung fest. Felix, der eine gute Ausbildung im Landschaftszeichnen und -malen genossen hatte, hat alle seine Reisen mit dem Stift begleitet, allerdings haperte es stets beim Figuren- und Portraitzeichnen.

●◆ *Zuerst das Jodeln: Zuerst nenne ich es, weil es in der ganzen Schweiz verbreitet, und alle Schweizer Landleute können jodeln. Es besteht aus Tönen, die durch die Gurgel hervorgebracht werden, und gewöhnlich sind es aufspringende Sexten. Es ist nicht zu leugnen, daß diese Art von Gesang in der Nähe oder im Zimmer rauh und unangenehm klingt. Doch wenn Echos darauf antworten oder sich damit vermischen; wenn man im Tale steht und auf dem Berge oder im Walde das Jodeln und das Jauchzen hört, das der Enthusiasmus der Schweizer für ihre Gegend hervorbringt; wenn man auf dem Berge steht, bei frühem Morgen und heiterem Wetter, und das Geläute der Kühe im Tale, welche auf die Matten ausgetrieben werden, es bald laut, bald leise begleitet – dann klingt dieser Gesang schön, ja, er hängt genau mit dem Bilde zusammen, das ich mir von einer Gegend mache, und gehört gleichsam zu einer Schweizer Landschaft.*

Zweitens der vielbelobte Gesang der Schweizer Mädchen, der besonders im Berner Oberland verbreitet ist: Von dem kann ich leider nicht viel Gutes sagen. Es ist allerdings nicht zu verkennen, daß sie gewöhnlich vierstimmig singen, doch alles wird verdorben durch eine Mädchenstimme, die sie wie »flauto piccolo« betrachten; denn diese singt nie eine Melodie, sondern einzelne hohe Töne, und nur nach Belieben, glaube ich, wodurch zuweilen gräßliche Quinten entstehen. Übrigens könnten sie gute Sängerinnen sein, denn den Spruch »Cantores amant humores!« erfüllen sie ganz. Vier von ihnen haben einst 24 Flaschen Wein hinter die Knöpfe getrunken.

Felix Mendelssohn Bartholdy am 13. September 1822 aus Séchéron bei Genf an Carl Friedrich Zelter in Berlin. Dem Text wurden drei Notenbeispiele beigefügt.

Eine Frucht der Schweizerreise der Familie Mendelssohn 1822 war die ein Jahr später entstandene Streichersymphonie Nr. 11 in f-moll mit dem Scherzo commodo, »Schweizerlied« überschrieben. Hier variiert Felix Mendelssohn den Emmentaler Hochzeitstanz »Bin alben a wärti Tächter gsi«. Nicht die einzige musikalische Reminiszenz: Im Trio des Scherzos der 9. Streichersymphonie in C-dur (komponiert im März 1823), das er »La Suisse« überschreibt, wird ein Schweizer Jodlerlied zitiert.

lich), so bitte ich mir einen Kuß aus oder nehme mir einen. – Von seiner Güte und Freundlichkeit macht Ihr Euch gar keinen Begriff, ebensowenig als von dem Reichtum, den der Polarstern der Poeten an Mineralien, Büsten, Kupferstichen, kleinen Statuen, großen Handzeichnungen usw., usw. hat. – Daß seine Figur imposant ist, kann ich nicht finden; er ist eben nicht viel größer als Vater. Doch seine Haltung, seine Sprache, sein Name – die sind imposant. – Einen ungeheuren Klang der Stimme hat er, und schreien kann er wie zehntausend Streiter. Sein Haar ist noch nicht weiß, sein Gang ist fest, seine Rede sanft.«

Nicht nur der Klaviervirtuose, auch der zwölfjährige Komponist durfte sich hören lassen. Goethe hatte einige Musiker kommen lassen und ihnen Felix Mendelssohns opus 1, soeben vollendet, auf die Pulte gelegt, das Klavierquartett in c-moll. Über diese Premiere besitzen wir den Bericht von Johann Christian Lobe, der damals als Bratscher mitwirkte, sehr lebendig, sehr anschaulich, doch mit dem Schönheitsfehler behaftet, daß Lobe ihn erst im hohen Alter niederschrieb, lange nach dem Tod Mendelssohns und dabei natürlich im Bewußtsein, Augen- und Ohrenzeuge einer wichtigen Stunde gewesen zu sein. Aber für authentisch darf doch wohl gelten, daß Goethe sich tief beeindruckt zeigte und vielleicht auch sinngemäß zu Zelter gesagt hat: »Was aber dein Schüler jetzt schon leistet, mag sich zum damaligen Mozart verhalten wie die ausgebildete Sprache eines Erwachsenen zu dem Lallen eines Kindes.« Und es mag wohl auch sein, daß Zelter geäußert hat, der Zwölfjährige habe »schon mehr geschrieben als mancher Dreißigjährige«.

Das war gewiß nicht übertrieben. Abgesehen von dem Klavierquartett, dem die Bezeichnung »opus 1« zuerkannt wurde (Mendelssohn ist mit dem Wort »opus« übrigens zeitlebens sparsam umgegangen), konnte er mit 13 Jahren schon auf eine bemerkenswerte Vielzahl von Kompositionen hinweisen, die aber alle erst nach seinem Tode aus dem Nachlaß herausgegeben wurden. Das waren die Singspiele »Die Soldatenliebschaft« (1820), »Die beiden Pädagogen« (1821), »Die wandernden Komödianten« (1821/22) und »Die beiden Neffen oder Der Onkel aus Boston« (1822/23), elf geistliche und fünf weltliche Chorwerke, acht Symphonien für Streicher, zwei Konzerte für zwei Klaviere und Orchester, ein Konzert für Violine und Streicher, ein Konzert für Klavier, Violine und Streicher, sechs Kammermusikwerke, 26 Kompositionen für Klavier, 7 Stücke für Orgel, acht Lieder für Singstimme und Klavier.

Gewiß, das alles hat noch nicht seine eigene Sprache gefunden, aber wie wäre das auch nur denkbar? So wie sich unüberhörbar in seinen Singspielen der Einfluß Mozarts offenbart, so zeigen die vielen Fugenkompositionen für Chor oder Klavier oder Orgel den Einfluß des verehrten J. S. Bach, so ist der Genius Bachs, Händels und Haydns deutlich in den Streichersymphonien. Und doch gibt es schon hier und da Klänge, die aufhorchen lassen, und man muß es dem alten Zelter zugute halten, daß er diese besonderen Klänge sehr genau herausgehört hat. So stupend auch die technische Versiertheit des Jungen ist, sie wäre nicht der Erwähnung wert, spürte man nicht, wie sich da etwas ganz Eigenes, Unverwechselbares entwickelt. Was diesem altklugen Kind von Geburt an mitgegeben worden ist an Begabung, wird unterstützt durch einen zuweilen geradezu beängstigenden Fleiß, und man könnte vor diesem so unkindlichen Phänomen schaudern, würde es nicht immer wieder gemildert durch die Ausstrahlung des Jungen, seinen Charme und – wagen wir das altmodische Wort – seinen ungewöhnlichen Liebreiz. Ein dressiertes Wunderkind hätte Goethe kalt gelassen. Dieser Knabe mit seinen schulterlangen Locken und hellwachen Augen aber wurde des Dichters ganzes Entzücken, weil er trotz seines beängstigenden Talents seine frische Unbekümmertheit sich bewahrt hatte. Das waren wohl die täglichen drei Küsse Seiner Exzellenz wert.

»Wenn über die ernste Partitur
Quer Steckenpferdchen reiten,
Nur zu auf weiter Töne Flur,
Wirst manchem Lust bereiten,
Wie Du's getan mit Lieb' und Glück.
Wir wünschen Dich allesamt zurück.«

Erst am 20. Januar 1822 geht dieser Vers Goethes nach Berlin für das Stammbuch von Felix; Adele Schopenhauer hatte einen ihrer anmutigen Scherenschnitte beigefügt mit einem geflügelten Steckenpferd und einem Genius als Reiter. Und fast ein wenig melancholisch ließ Goethe seinen Freund Zelter im Februar wissen: »Seit Eurer Abreise ist mein Flügel verstummt. Ein einziger Versuch, ihn wieder zu erwecken, wäre beinahe mißlungen.«

Im Juli 1822 brachen die Mendelssohns zu einer Reise in die Schweiz auf, »deren Schönheit mit Worten gar nicht auszudrücken ist, wie es denn alle möglichen Reisebeschreiber auch schon gesagt haben«, so Felix an den »lieben Herrn Professor« Zelter. Abraham und Lea waren mit allen vier Kindern aufgebrochen, Hauslehrer Heyse zog mit, ein nicht näher zu identifizierender Dr. Neuburg, Marianne und Julie Saaling aus Frankfurt a. M., dazu das unerläßliche Dienstpersonal. Die Reise führte über Darmstadt, Stuttgart, Schaffhausen zum Gotthard, durch Interlaken, Vevey und Chamonix – alles Orte, wie sie der aufkommende Tourismus liebte, der freilich damals noch weit entfernt war vom Massentourismus, dafür aber mit erheblichen Strapazen für den Reisenden behaftet.

Der dreizehnjährige Felix schickte an Zelter einen Brief über das Jodeln der Schweizer (mit drei Notenbeispielen) und einigen Bemerkungen über den »vielbelobten Gesang der Schweizer Mädchen, der besonders im Berner Oberland verbreitet ist«. Ein Lied hörte er damals, das ihm besonders gut gefiel, einen Emmentaler Hochzeitstanz, den er dann im Scherzo seiner Streichersymphonie Nr. 11 in F-moll zitiert.

Die Rückreise ging über Weimar, wo die ganze Familie Anfang Oktober bei Goethe vorsprach, der sich über das Wiedersehen mit Felix hocherfreut zeigte und auf das seit dem letzten Besuch vor einem Jahr verschlossene Klavier wies: »Komm und wecke mir all die geflügelten Geister, die lange darin geschlummert!«

Auch Fanny mußte nun dem »Dichterfürsten«, wie man Goethe damals gern nannte, vorspielen, »viel Bach«, wie Mutter Lea bemerkte, aber auch ihre eigenen Liedkompositionen auf Goethes Gedichte, die dem Dichter »außerordentlich« gefielen, so Lea, »wie ihn überhaupt erfreute, sich in Musik gesetzt zu sehen«.

Die Schweizer Reise hatte Felix verändert, und Fanny, die ihm am nächsten stand, entging das nicht: »Er war bedeutend größer und stärker geworden, Züge und Ausdruck des Gesichtes hatten sich mit unglaublicher Schnelligkeit entwickelt, und die veränderte Haartracht (man hatte ihm seine schönen langen Locken abgeschnitten) trug nicht wenig dazu bei, sein Ansehen zu entfremden. Das schöne Kindergesicht war verschwunden, seine Gestalt hatte etwas Männliches gewonnen, welches ihn auch sehr gut kleidete. Er war anders, aber nicht weniger schön als früher.«

Ein Sechzehnjähriger wird Meister

»Mein Felix fährt fort und ist fleißig. Er hat soeben wieder ein Oktett für acht obligate Instrumente vollendet, das Hand und Fuß hat«, ließ Zelter am 6. November 1825 Goethe wissen. Daß es »Hand und Fuß hat«, gewiß, man kann es auch so ausdrücken, wenn man nicht sagen will, daß dieses Werk – das Oktett für Streicher Es-dur op. 20 – zu den vollkommensten Kompositionen der deutschen Kammermusik gehört: die Schöpfung eines Sechzehnjährigen, die er seinem Lehrer und Freund Eduard Rietz zum Geburtstag widmete.

In diesem Jahr war auch das Klavierquartett h-moll op. 3 vollendet worden (das dann Goethe gewidmet wurde), das Capriccio fis-moll für Klavier op. 5, die Sonate E-dur für Klavier op. 6 und die Komische Oper in zwei Akten »Die Hochzeit des Camacho« (op. 10) – um nur diese zu nennen.

Schon am 3. Februar 1824 – an diesem Tage wurde Felix fünfzehn Jahre alt – hatte Zelter beim Abendessen mit der Familie gesagt: »Mein lieber Sohn! Von heute ab bist du kein *Lehrjunge* mehr, von heute an bist du *Gesell*! – Ich mache Dich zum Gesellen im Namen Mozarts, im Namen Haydns und im Namen des alten Bach!«

Was nun sollte der »Geselle« einmal werden? Musiker, nur Musiker, das stand für Felix fest, und die Familie sah es wohl auch so. Da aber legte sich Onkel Jacob Bartholdy ins Mittel: »Das ist keine Karriere, kein Leben, kein Ziel; man ist zu Anfang soweit als am Ende und weiß es; ja, in der Regel besser daran. Lasse den Buben ordentlich studieren, dann auf der Universität die Rechte absolvieren und dann in eine Staatskarriere treten. Die Kunst bleibt ihm als Freundin und Gespielin zur Seite«, schrieb er an Abraham und setzte den bezeichnenden Satz hinzu: »Soll er aber ein Kaufmann werden, so gib ihn früh in ein Comptoir.«

Das war praktisch gedacht, zumal in einer Zeit, in der ein Musiker noch kein besonders hohes Sozialprestige genoß. Doch immerhin: Haydn, Mozart und Beethoven war die Reputation in der Gesellschaft nicht versagt geblieben; über ihre Vermögensverhältnisse kursierten widersprüchliche Angaben. Die noch heute nicht aus der Welt zu schaffende Legende vom verhungerten Mozart (tatsächlich war er einer der bestbezahlten Künstler seiner Zeit) wurde schon damals sorgsam kultiviert und mag Bartholdys Bedenken bestärkt haben. Andererseits aber zeigt der Brief doch auch die völlige Ahnungslosigkeit dieses guten Mannes, dem das aller Welt offenkundige junge Genie verborgen geblieben war.

Familie und Freunde besprachen das Für und Wider, bis Vater Abraham sich für eine – gleichfalls recht praktische – Lösung entschied. In Paris, von wo aus er seine Schwester Henriette nach Berlin holen wollte, sollte Felix dem alten Luigi Cherubini vorgestellt werden. Der sollte das Talent des Jungen begutachten und das Für und Wider entscheiden.

Cherubini, damals 64 Jahre alt, galt als eine künstlerische

Luigi Cherubini, gemalt von Jean-Auguste-Dominique Ingres 1842. Sein Votum im März 1825 für Felix, der ihn mit seinem Vater in Paris aufsuchte, gab das Placet der Familie Mendelssohn für die Komponistenlaufbahn von Felix.

Mitschrift von Felix Mendelssohn einer Vorlesung von Eduard Gans (oder Johann Gustav Droysen) über die Französische Revolution, die Felix 1827 an der Berliner Universität hörte.

Ein Singabend bei Anton Friedrich Justus Thibaut in Heidelberg, gezeich-
net von Jakob Götzenberger. Felix Mendelssohn besuchte Thibaut im Spät-
sommer 1827: »Es ist sonderbar, der Mann weiß wenig von Musik, selbst
seine historischen Kenntnisse darin sind ziemlich beschränkt, er handelt meist
nach bloßem Instinkt, ich verstehe mehr davon als er – und doch habe ich
unendlich von ihm gelernt, bin ihm gar vielen Dank schuldig.«

Autorität und war damals der Erste in Frankreich. Die Jungen, wen wundert's, sahen in ihm eher ein ehrwürdiges Fossil. Respektlos spottete Felix: »Der ist vertrocknet und verraucht. Neulich hörte ich eine Messe von ihm, die war so lustig, wie er brummig ist, d. h. über alle Maßen. Kurz, ich glaube, daß er der einzige Mensch ist, auf den Klingemanns Wort mit dem ausgebrannten Vulkan paßt. Er sprüht noch zuweilen, aber er ist ganz mit Asche und Steinen bedeckt.«

Zur Beurteilung hatte Felix sein Klavierquartett h-moll op. 3 mitgebracht. Cherubini ließ sich das Werk vorspielen und orakelte vielsagend: »Der Junge ist begabt; er wird Gutes leisten; er leistet schon jetzt Gutes. Aber er verschwendet sein Vermögen; er verwendet zuviel Stoff für sein Gewand.«

Die Mendelssohns empfanden dies Wort wie einen Ritterschlag, und für Vater Abraham stand damit einer Musikerlaufbahn seines Sohnes nichts mehr im Wege. Auf der Heimreise im Mai wurde in Weimar bei Goethe Station gemacht, und auch er bekam nun das Quartett vorgespielt. »Felix produzierte sein neuestes Quartett zum Erstaunen von jedermann«, so der Dichter, dem das opus 3 gewidmet wurde. Eine spätere Äußerung Goethes gegenüber Eckermann zeigt, daß er diese Musik, so ungewohnt sie ihm auch sein mußte, dennoch verstand und zu schätzen wußte. Wieder in Berlin, schickte ihm Felix bald die gedruckte und dedizierte Partitur und empfing umgehend Goethes Dank: »Du hast mir, mein teurer Felix, durch die gehaltvolle Sendung sehr viel Vergnügen gemacht. Obschon angekündigt, überraschte sie mich doch. Notenstich, Titelblatt, sodann der allerherrlichste Einband wetteifern miteinander, die Gabe stattlich zu vollenden. – Ich habe sie daher für einen wohlgebildeten Körper zu achten, mit dessen schöner, kräftig-reicher Seele Du mich zu höchster Bewunderung schon bekannt machtest. – Nimm daher den allerbesten Dank und laß mich hoffen, Du werdest mir bald wieder Gelegenheit geben, Deine staunenswürdigen Tätigkeiten in Gegenwart zu bewundern. Empfiehl mich den würdigen Eltern, der gleichbegabten Schwester und dem vortrefflichen Meister. Möge mein Andenken in solchem Kreise immerfort lebendig dauern.«

Wenn auch der Beruf eines Musikers nun von der Familie dank Cherubinis Segen akzeptiert worden war, ganz auf ein Studium sollte Felix nicht verzichten. So ließ er sich 1827 an der Berliner Universität immatrikulieren und hörte Vorlesungen aus verschiedenen Disziplinen, darunter Geschichte bei Eduard Gans und Philosophie bei Georg Wilhelm Hegel. Auf einer Ferienreise im September 1827 machte er in Heidelberg die Bekanntschaft des Juristen Anton Friedrich Justus Thibaut, der zwei Jahre zuvor ein Buch »Über die Reinheit der Tonkunst« veröffentlicht hatte. »Er hat mir ein Licht für die altitalienische Musik aufgehen lassen; an seinem Feuerstrom hat er mich dafür erwärmt. Das ist eine Begeisterung und eine Glut, mit der er redet! Das nenne ich eine blumige Sprache!« Dafür durfte ihm der um 35 Jahre Jüngere »manches von Sebastian Bach« erzählen.

Zu Weihnachten 1823 hatte Felix von seiner Großmutter Bella Salomon einen seiner sehnlichsten Wünsche erfüllt bekommen: Sie schenkte ihm eine Abschrift der Bachschen Matthäuspassion; die Kopie hatte Eduard Rietz angefertigt. Felix, der das Werk wieder und wieder studierte, fragte sich: War die Matthäuspassion wieder zum Leben zu erwecken, ließ sie sich auch jetzt noch aufführen? Bislang hatte er sich darauf beschränkt, mit Freunden einzelne Chorsätze der Passion einzuüben und zu singen. Eine vollständige öffentliche Aufführung des Werks hielt aber auch er für ganz ausgeschlossen. Anders sah das sein Freund Eduard Devrient, aber auch er wußte, daß alles von Zelters Placet abhängen würde – denn ohne die Singakademie ließ sich an eine Realisierung nicht einmal entfernt denken –, und die Genehmigung des Alten, der sich – mit Recht – auf die von ihm seit Jahren betriebene Bach-Pflege einiges zugutehielt, würde nicht leicht zu erringen sein, ja Felix hielt das sogar für ganz unmöglich. Zelter sträubte sich denn auch mit allen Kräften. Eduard Devrient hat uns in seinen Erinnerungen sehr lebendig die Szene beschrieben, als er und Felix bei Zelter in der Sing-Akademie vorsprachen: »Nun begann ich in meinem wohlüberlegten Vortrag von der Bewunderung des Bachschen Werkes, was wir in seinen Freitagsmusiken zuerst kennengelernt, dann im Mendelssohnschen Hause weiter studiert hätten, und daß wir jetzt der dringenden inneren und äußeren Aufforderung nachgeben möchten, einen Versuch zu machen: das Meisterwerk der Öffentlichkeit zurückzugeben und – wenn er es erlauben und unterstützen wolle – mit Hilfe der Singakademie eine Aufführung zu veranstalten. ›Ja‹, sagte er gedehnt und reckte dabei das Kinn in die Höhe, wie er zu tun pflegte, wenn er etwas mit großem Nachdruck besprach, ›wenn das so zu machen wäre! Dazu gehört mehr, als wir heut zu Tage zu bieten haben.‹ Nun verbreitete er sich über die Forderungen und Schwierigkeiten des Werkes, daß man für diese Chöre eine Thomasschule brauche, und eine, wie sie damals beschaffen gewesen, als Sebastian Bach ihr Kantor war; daß auch ein Doppelorchester notwendig sei und daß die Violinspieler von heut zu

Tage diese Musik gar nicht mehr zu traktieren verständen. Das alles sei schon lange und vielfach bedacht und erwogen worden, und wenn sich die Schwierigkeiten so bald hätten aus dem Wege räumen lassen, so wären schon längst alle vier Passionsmusiken von Bach aufgeführt. Er war warm geworden, stand auf, legte die Pfeife weg und schritt durchs Zimmer. Wir waren auch aufgestanden, Felix zupfte mich am Rock, er gab die Sache schon verloren.

Ich erwiderte nun, daß wir, namentlich Felix, diese Schwierigkeiten sehr hoch anschlügen, daß wir aber den Mut hätten, sie nicht für unüberwindlich zu halten. Die Singakademie sei durch ihn schon mit Sebastian Bach bekannt, er habe den Chor so vortrefflich geschult, daß derselbe jeder Schwierigkeit gewachsen sei; Felix habe durch ihn das Werk kennengelernt, verdanke ihm auch die Anweisungen für seine Direktion, ich brenne vor Verlangen, die Partie des Jesus öffentlich vorzutragen, wir dürften hoffen, daß derselbe Enthusiasmus, welcher uns bewege, bald alle Mitwirkenden ergreifen und das Unternehmen gelingen lassen werde.

Zelter war immer ärgerlicher geworden. Er hatte hie und da Äußerungen des Zweifels und der Geringschätzung eingeworfen, bei denen Felix mich wieder am Rock gezupft, dann sich allmählich der Tür genähert hatte; jetzt platzte der alte Herr los: ›Das soll man nun geduldig anhören! Haben sich's ganz andere Leute müssen vergehen lassen, diese Arbeit zu unternehmen, und da kommt nun so ein Paar Rotznasen daher, denen alles das Kinderspiel ist.‹

Diesen Berliner Kernschuß hatte er mit äußerster Energie abgefeuert, ich hatte Mühe, das Lachen zu verbeißen. Hatte Zelter doch einen Freibrief für alle Grobheit, und für Christi

Passion von Sebastian Bach und von unserm alten Lehrer konnten wir uns wohl noch mehr gefallen lassen.

Ich sah mich nach Felix um, der stand an der Tür, den Griff in der Hand und winkte mir mit etwas blassem und verletztem Gesicht zu: daß wir gehen sollten; ich bedeutete ihm, daß wir bleiben müßten und fing getrost wieder an zu argumentieren: daß, wenn wir auch jung, wir doch wohl nicht mehr so ganz unreif wären, da unser Meister uns doch schon manche schwierigen Aufgaben zugemutet habe; daß gerade der Jugend der Unternehmungsmut zustehe, und zuletzt müsse es doch wohltuend für ihn sein, wenn gerade zwei seiner Schüler sich an dem Höchsten versuchten, das er sie kennengelehrt. Meine Argumente begannen jetzt sichtlich zu wirken, die Krisis war überstanden.

Wir wollten nur den Versuch machen, fuhr ich fort, ob das Unternehmen sich durchsetzen lasse, dies nur möge er erlauben und unterstützen; gelänge es nicht, so könnten wir immer noch, und ohne Schande, davon ablassen.

›Wie wollt ihr denn das machen?‹ sagte er stehenbleibend. ›Ihr denkt an nichts. Da ist zuerst die Vorsteherschaft, die konsentieren muß, da sind gar viele Köpfe und viele Sinne – und Weiberköpfe sind auch dabei, ja! – die bringt ihr nicht so leicht unter einen Hut.‹

Ich entgegnete ihm, die Vorsteher seien mir freundlich gesinnt, die tonangebenden Vorsteherinnen als Mitsingende bei den Übungen im Mendelssohnschen Hause, schon gewonnen, ich hoffte die Bewilligung des Saales und die Zustimmung zur Wirkung der Mitglieder wohl zu erlangen.

›Ja die Mitglieder!‹ rief Zelter, ›da fängt der Jammer erst an. Heute kommen ihrer zehn zur Probe und morgen bleiben zwanzig davon weg, ja!‹

Passionsmusik

von

Johann Sebastian Bach

nach dem Evangelium Matthäi

Cap. 26 und 27.

Berlin 1829.

Textbuch der von Felix Mendelssohn am 11. März 1829 in der Berliner Singakademie geleiteten Aufführung von Johann Sebastian Bachs Matthäuspassion.

Wir konnten von Herzen über diesen Witz lachen, denn er zeigte uns, daß unsere Partie gewonnen war. Felix setzte dem alten Herrn nun seinen Plan mit den Vorübungen im kleinen Saale auseinander, sprach ihm von der Zusammensetzung des Orchesters, das Eduard Rietz führen sollte, und da Zelter schließlich keine praktischen Bedenken mehr vorbringen konnte, so sagte er: ›Na, ich will euch nicht entgegen sein – auch zum Guten sprechen, wo es nottut. Geht denn in Gottes Namen daran, wir werden ja sehen, was daraus wird.‹«

Und was nicht wurde daraus: Die Aufführung am 11. März 1829 in der Singakademie unter der Leitung des zwanzigjährigen Felix Mendelssohn erwies sich als ein überwältigender, größte Begeisterung weckender Erfolg. Der Chor der Singakademie bestand aus drei- bis vierhundert Sängern, Eduard Devrient hatte die Partie des Jesus übernommen, die berühmte Anna Milder sang die Altpartien, Eduard Rietz fungierte als Konzertmeister und spielte die Solovioline. Der Saal war überfüllt, und die Anwesenheit des Hofes bewies, wie wichtig in Berlin diese Aufführung genommen wurde. Auch Gasparo Spontini nahm teil – und versuchte anschließend, eine Wiederholung zu verhindern, womit er aber beim Kronprinzen scheiterte, der auf einer Wiederholung bestand. Weitere Aufführungen mußten schon deswegen gegeben werden, weil bei der Premiere über tausend Hörer wegen Überfüllung hatten abgewiesen werden müssen. Die erste Wiederholung – wieder unter Felix' Leitung – fand am 21. März statt (Bachs Geburtstag), eine dritte dann unter Zelters Stabführung.

Der Alte hatte bei allem Jubel – in den auch er einstimmte – offenbar ganz vergessen, daß die Aufführung gegen ihn

durchgesetzt worden war und er sich lange dagegen ge-
sträubt hatte, weil er nämlich im stillen die Matthäuspassion
doch für eine ziemlich veraltete Musik hielt. Nun aber, nach
dem enthusiastischen Durchbruch, sah alles ganz anders
aus, und dem Freund in Weimar wurde mitgeteilt: »Hätte
doch der alte Bach unsre Aufführung hören können! Das
war mein Gefühl bei jeder gutgelungenen Stelle, und hier
kann ich nicht unterlassen, meinen sämtlichen Jüngern der
Singakademie, wie den Solosängern und dem Doppelorchester das größte Lob zu spenden. Man könnte sagen, das
ganze wäre ein Organon, worin jede Pfeife mit Vernunft,
Kraft und Willen begabt sei, ohne Zwang, ohne Manier.«

Zelters Verdienste um die Wiederbelebung der Bachschen Musik dürfen nicht geschmälert werden. Er hatte
schon in den neunziger Jahren mit der Singakademie die
Bachschen Motetten wieder aufgeführt und in seinen »Freitagsmusiken«, bei denen Felix und Fanny nie fehlten, mit
dem Werk Johann Sebastian Bachs ausführlich bekanntge-
macht. Aber an dessen ganz große Werke – etwa die Passio-
nen – traute er sich nicht heran, sie waren wohl nicht so ganz
nach seinem Geschmack, und er sah außerdem, daß die
Singakademie einer solchen Aufgabe nicht gewachsen sein
würde. In der Tat fehlte es diesem Ensemble und auch den
Orchestermitgliedern an der nötigen Erfahrung im Umgang
mit barocker Musik; die Wiederentdeckung des frühen 18.
Jahrhunderts war damals noch völliges Neuland und weder
theoretisch geschweige denn aus der Musikpraxis heraus in
irgendeiner Weise erschlossen. Die Wiederbelebung der
Matthäuspassion war in der Tat nur darum möglich, weil
sich hier eine Gruppe junger Leute mit allem unbeugsamen
Enthusiasmus dazu entschlossen hatte und weil die Gesamt-

leitung in den Händen eines Musikers lag, den eine tiefe innere Verwandtschaft mit der Musik Bachs verband. Zelter allein wäre dazu niemals imstande gewesen, aber ohne das von Zelter ins Leben Gerufene hätte auch Felix Mendelssohn scheitern müssen. Die Verwaltung der Singakademie rührte dabei keinen Finger: Sie verlangte vielmehr von Felix die Saalmiete von 50 Talern, obwohl alle Solisten auf ein Honorar verzichtet hatten, da der Erlös des Abends wohltätigen Zwecken bestimmt war.

Ohne das pädagogische Ingenium Zelters, ohne dessen vorzüglichen Unterricht, wäre Felix niemals in diesem Maße mit dem Werk Bachs vertraut geworden. Schon das allein sollte alle unsere Einwände gegen Zelters Eigenwilligkeiten verstummen lassen. Und immerhin: Nachdem ihm sein Schüler bewiesen hatte, daß Bachs große Passion lebendig war wie am ersten Tag, bekannte sich Zelter ohne Einschränkung zu dieser Wiedererweckung und demonstrierte dies auch vor der Öffentlichkeit, indem er selber die Leitung der zweiten Wiederholung übernahm, denn Felix brach Anfang April zu seiner ersten großen Auslandsreise auf. Gerührt schrieb Zelter an Mutter Lea:

»Felix' Abreise ist mir nicht schmerzhaft. Wir senden ihn als fertigen Mann in die Welt, der er angehört. Wir können, wir müssen ihr und ihm das Glück gönnen. Es war an der Zeit, ihn dem Berliner Kunstjammer zu entheben, der aller Blüte Tod ist. – Wie ich durch ihn mich gestärkt gefühlt, kann ich hier nicht aussprechen, weil Sie, seine Mutter, glückselig genug sind. Was ihn selbst betrifft, so denke ich, an ihm einen langen Freund zu haben, wäre er noch so entfernt. Wie ich ihn kenne und forthin erwarte, mußte er durch fortgesetzte Erfahrung notwendig innewerden, daß ich ihm die

Kunst der ewigen Musen habe offenbaren wollen und nicht
bloß die Kunst von gestern und heut.«

Sieben Monate in England und Schottland

Am 10. April 1829 begab sich Felix Mendelssohn Bartholdy
auf seine erste große Auslandsreise. Bis Hamburg begleiteten ihn der Vater und die jüngere Schwester Rebecka – von
den Geschwistern zärtlich »Beckchen« gerufen –, und in
London erwartete ihn ein Freund, der Legationsrat Carl
Klingemann. Felix hatte den um elf Jahre älteren Diplomaten im Elternhaus kennengelernt, und beide waren Freunde
geworden. Und zu den Freunden zählte auch der in London
lebende Pianist und Komponist Ignaz Moscheles, der 1824
erstmals in das Haus der Mendelssohns gekommen war und
damals in sein Tagebuch notiert hatte: »Das ist eine Familie,
wie ich keine gekannt habe; der fünfzehnjährige Felix, eine
Erscheinung, wie es keine mehr gibt. Was sind alle Wunderkinder neben ihm? Sie sind eben Wunderkinder, und sonst
nichts; dieser Felix Mendelssohn ist schon ein reifer Künstler und dabei erst 15 Jahre alt.«

So mußte sich der junge Mann im fremden London nicht
verlassen fühlen, aber das mußte er auch sonst nicht, denn
ihm flog die Aura des frühen Ruhms voraus. Eine Londoner
Zeitschrift charakterisierte ihn bei seiner Ankunft mit den
Worten: »Er ist einer der besten Pianisten von Europa und
trotz seiner Jugend vielleicht ein erfahrenerer Musiker als
viele ›professors‹.«

Im Gepäck brachte der junge Komponist seine erste Symphonie in c-moll op. 11 mit, an der er seit 1824 arbeitete;

*»Nr. 3 Chester Place Regent's Park: The Residence of I.
Moscheles«: Zeichnung von Felix Mendelssohn.*

seine *erste* Symphonie, weil er die zwölf Streichersymphonien seiner Jugend nicht zählte. Und er brachte in das Land Shakespeares sein opus 21 mit, die Ouvertüre zum »Sommernachtstraum«, die bis heute als Inbegriff jugendlicher Genialität gilt, entstanden 1826, also die Schöpfung eines erst Siebzehnjährigen. »Offenbar bezeichnete dies Charakterstück den klärenden Wendepunkt in Felix' Kompositionsvermögen«, meinte Eduard Devrient zu Recht. »Der Mendelssohn, wie die Welt ihn besitzt und liebt, datiert von dieser Komposition. Nachdem wir das Werk öfters vierhändig, dann auch im Gartensaale mit vollem Orchester gehört – das des Komponisten Intentionen erst vollständig ins Licht stellte –, erkannten alle Freunde den epochemachenden Wert dieser Schöpfung. Hier erschienen die lebendige Auffassung, das leise Gefühl, die feine Reizbarkeit für poetische Schönheit, die Empfindsamkeit und der anmutige Humor von Felix' Wesen auf einmal in vollem Reichtum. Alles Eigenschaften, welche erwiesen, daß er zur charakteristischen, zur dramatischen Musik vornehmlich berufen sein.«

Im Gepäck befand sich auch die 1828 entstandene Ouvertüre »Meeresstille und glückliche Fahrt« op. 27, inspiriert von den beiden gleichnamigen Gedichten Goethes, ein Stimmungsbild aus Kontrasten von Ruhe und Bewegung, aber keine jener Programm-Musiken, wie sie dann im späteren 19. Jahrhundert so ungemein populär wurden. Mendelssohn hat dieser »Konzertouvertüre« (im Unterschied zu den für Bühnenwerke bestimmten Ouvertüren) noch zwei weitere folgen lassen: »Die Hebriden« op. 26 und »Zum Märchen von der schönen Melusine« op. 32.

Am 25. Mai 1829 wurde erstmals eine Komposition Mendelssohns in England öffentlich aufgeführt, nämlich seine 1.

Symphonie c-moll. Ihre Premiere hatte sie zwei Jahre zuvor im Leipziger Gewandhaus erlebt und bei der Kritik wohlwollende Aufnahme gefunden. An die Familie in Berlin, die natürlich gespannt auf jede Nachricht wartete, schrieb Felix:

»Als ich zur Probe meiner Symphonie in die Argyll Rooms trat und das ganze Orchester versammelt fand, und gegen zweihundert Zuhörer, meistens Damen, aber lauter Fremde, und man erst die Symphonie von Mozart (Es-dur) probierte, um dann die meinige vorzunehmen, so wurde mir zwar nicht ängstlich, aber sehr gespannt und aufgeregt zumute. Ich ging während des Mozartschen Stücks in Regent Street etwas spazieren und sah mir die Leute an. Als ich wiederkam, war alles bereit und man wartete auf mich.

Ich stieg dann aufs Orchester, zog meinen weißen Stock aus der Tasche, den ich mir ausdrücklich dazu habe machen lassen, und der Vorgeiger zeigte mir, wie das Orchester stände – die Hintersten mußten aufstehen, damit ich sie sehen könne – und stellte mich ihnen allen vor, und wir begrüßten uns. Einige lachten wohl ein bißchen, daß ein kleiner Kerl mit dem Stocke jetzt die Stelle ihres sonst immer gepuderten und perückten Conductors einnähme.

Dann ging's los. Es ging für das erste Mal recht gut und kräftig und gefiel den Leuten schon sehr in der Probe. Nach jedem Stück applaudierte das ganze zuhörende Publikum und das ganze Orchester (das zum Zeichen des Beifalls mit den Bogen auf die Instrumente schlägt und mit den Füßen trampelt). Nach dem letzten Stück machten sie einen großen Lärm, und da ich das Ende mußte repetieren lassen, weil es schlecht gegangen war, machten sie denselben Lärm wieder. Die Direktoren kamen zu mir ans Orchester, und ich

*Rebecka Mendelssohn, Zeichnung von Wilhelm Hensel,
1823.*

Karl Klingemann, Zeichnung von Wilhelm Hensel, 1835.

Schreibt der Komponiste ernst,
schläfert er uns ein.
Schreibt der Komponiste froh,
ist er zu gemein.
Schreibt ein Komponiste lang,
ist er zum Erbarmen.
Schreibt ein Komponiste kurz,
kann man nicht erwarmen.
Schreibt ein Komponiste klar,
ist's ein armer Tropf.
Schreibt ein Komponiste tief,
rappelt's ihm im Kopf.
Schreib' er also, wie er will,
keinem steht es an.
Darum schreib' ein Komponist,
wie er will und kann.

Felix Mendelssohn Bartholdy am 15. März 1826, zum Geburtstag
seiner Mutter.

Die erste Partiturseite der Ouvertüre zu Shakespeares Sommernachtstraum op. 21, die der siebzehnjährige Felix Mendelssohn am 26. August 1826 vollendete. Im Klavierauszug für vier Hände spielten sie Felix und Ignaz Moscheles erstmals am 19. November 1826; die Uraufführung der Orchesterfassung erfolgte kurz darauf in einer der Sonntagsmusiken.

mußte herunter, eine Menge Diener machen. J. Cramer war ganz erfreut und überschüttete mich mit Lob und Komplimenten. Ich ging auf dem Orchester umher und mußte an zweihundert verschiedene Hände schütteln. – Es war einer der glücklichsten Momente meiner Erinnerung, denn alle die Fremden waren mir in einer halben Stunde zu Bekannten und zu Befreundeten umgewandelt.

Der Erfolg nun gestern Abend im Konzert war größer als ich ihn mir je hätte träumen lassen. Man fing mit der Symphonie an. Der alte Johann Baptist Cramer führte mich ans Klavier wie eine junge Dame, und ich wurde mit laut und lange anhaltendem Beifall empfangen. Das Adagio verlangten sie da capo, ich zog vor, mich zu bedanken und weiter zu gehen, aus Furcht vor Langweile. Das Scherzo wurde aber so stark noch einmal verlangt, daß ich es wiederholen mußte. Und nach dem letzten applaudierten sie fortwährend, solange ich mich beim Orchester bedankte und hands shakte, bis ich den Saal verlassen hatte.«

Für diese Aufführung hatte er das ursprünglich komponierte Menuett durch das für Orchester instrumentierte Scherzo aus seinem Oktett für Streicher ersetzt. Die Presse reagierte so zustimmend wie das Publikum: »Es ist nicht kühn zu behaupten, daß Mendelssohns letztes Werk, die Symphonie, von der eben die Rede ist, sein ganzes besonderes Genie für diese Kunstform beweist. Nur drei große Meister gibt es, die ihn darin überragen; aber die Annahme ist berechtigt, daß er bei weiterem beharrlichem Schaffen in wenigen Jahren als der Vierte in jener Linie angesehen werden wird. Sie hat ja der musikalischsten Nation Europas unsterblichen Ruhm gebracht.«

Das englische Konzertpublikum bereitete ihm einen begeisterten Empfang nach dem anderen. Am 10. Juni mußte seine 1. Symphonie wiederholt werden, und am 24. Juni erklang zum erstenmal in England die Ouvertüre zum »Sommernachtstraum« (in Deutschland hatte sie ihre Premiere am 20. Februar 1827 in Stettin gehabt, dirigiert von Carl Loewe), die gleich wiederholt werden mußte. Am 13. Juli dirigierte er in London ein nahezu vier Stunden (!) währendes Wohltätigkeitskonzert zugunsten der von einer Hochwasserkatastrophe heimgesuchten Schlesier; Onkel Nathan in Breslau hatte ihn darum gebeten. In diesem Konzert dirigierte Felix seine Sommernachtstraum-Ouvertüre und spielte gemeinsam mit Ignaz Moscheles das 1823 komponierte Konzert für zwei Klaviere und Orchester E-dur, ein frühes Werk, dem der Komponist die Opus-Zahl verweigerte. Die Londoner Philharmonische Gesellschaft ernannte den Zwanzigjährigen zu ihrem Ehrenmitglied.

Zwei Neuerungen hatte Felix in England eingeführt. Er verblüffte das Publikum, als er in einem Konzert Carl Maria von Webers »Konzertstück f-moll« auswendig vortrug; das hatte es in England bislang noch nicht gegeben. Wahrscheinlich geschah das auch mit Beethovens Klavierkonzert Nr. 5 in Es-dur, das in England überhaupt noch nie aufgeführt worden war. Die zweite Neuerung betraf das Dirigieren mit einem Stab. Ein Orchester wurde damals entweder vom Flügel aus oder vom Konzertmeister mit der Geige geleitet. Die uns heute vertraute Praxis des Dirigierens mit dem Stab auf erhöhtem Platz vor dem Orchester war damals noch so ziemlich ungewohnt. Der Dirigent hatte einzig die Aufgabe, den Takt zu schlagen, die musikalische Interpretation, die wir heute erwarten, war unbekannt, sie sollte sich erst um die Mitte des 19. Jahrhunderts entwickeln. Der Berliner Dirigent Bernhard Anselm Weber schlug den Takt mit einer roßhaargefüllten Lederrolle (oft lautstark auf dem Pult). Daß also Felix Mendelssohn seine Konzerte mit dem Stab dirigierte, durfte für eine Ausnahme gelten und erregte daher auch Aufsehen beim englischen Publikum.

Die frische Begeisterung des in England so wohlempfangenen Felix dämpfte empfindlich ein Brief aus Berlin. Der Vater fand Anlaß, seinen Sohn in einer ihm sehr wichtigen Angelegenheit ins Gewissen zu reden; es betraf den Familiennamen, was den Empfänger augenblicklich an den ungeliebten Onkel Jacob Bartholdy erinnerte:

»Ich muß vermuten, daß Du dort den von mir angenommenen Familiennamen Bartholdy entweder ganz supprimiert oder doch wenigstens vernachlässigt und geduldet hast, daß es von andern geschehe, ich finde Dich wenigstens sowohl auf dem von Dir eingesandten Konzertzettel als in allen Journalartikeln nur als Mendelssohn aufgeführt und kann mir diese Übereinstimmung nur dadurch erklären, daß Du sie veranlaßt hast.

Ich bin nun mit der Sache sehr unzufrieden, und hast Du sie veranlaßt, so hast Du sehr Unrecht gehabt.

Ein Name ist am Ende nicht mehr und nicht weniger als ein Name, allein, erstlich hast Du, bis Du der väterlichen Gewalt entlassen bist, die einfache und unumgängliche Verpflichtung, Dich zu nennen wie Dein Vater, und zweitens hast Du die nie erlöschende vernünftige Verpflichtung anzunehmen, daß Dein Vater, was er tut, *[nicht ohne]* ernstliche Überlegung und gute Gründe tut.

Auf unsrer Reise nach Paris, den Tag nach der halsbrechenden Nacht, frugst Du mich um diese Gründe zu der Namensänderung, und ich setzte sie Dir weitläufig auseinander. Hast Du sie vergessen, so hättest Du mich noch einmal d•nach fragen können, haben sie Dir nicht triftig geschienen, so hättest Du mir bessere entgegensetzen sollen, ich will ersteres glauben, weil ich letztere nicht finden kann, und Dir daher meine Gründe und Ansichten wiederholen.

Meines Vaters Vater hieß Mendel Dessau. Als dessen Sohn, mein Vater, in die Welt getreten war, als er anfing genannt zu werden, als er den edlen, nie genug zu preisenden Entschluß faßte, sich selbst, und seine Mitbrüder, aus der tiefen Erniedrigung, in welche sie versunken waren, durch Verbreitung einer höheren Bildung zu reißen, fühlte er, daß es ihm zu schwer werden würde, als Moses Mendel Dessau in das nähere Verhältnis, welches ihm erforderlich war, zu denjenigen zu treten, die damals im Besitz dieser höheren Bildung waren: er nannte sich, ohne daß er fürchtete seinem Vater dadurch zu nahe zu treten, Mendelssohn. Die Änderung war so unbedeutend als entscheidend. Als Mendelssohn trennte er sich unwiderruflich von einer ganzen Klasse, aus der er die besten zu sich hinaufzog, und an eine andre Gemeinschaft anschloß. Der große Einfluß, den er damals durch Wort, Schrift und Tat, auf die edelste und geistreichste Weise ausübte, der heute noch fortlebt und sich in steter Entwicklung verbreitet, gab dem Namen, den er angenommen, ein großes Gewicht, aber auch eine unauslöschliche Bedeutung, einen christlichen Mendelssohn kann es nicht geben, denn die Welt agnosciert keinen, und soll es auch nicht geben, denn er selbst wollte es ja nicht sein. Mendelssohn ist und bleibt ewig das Judentum in der Übergangsperiode, das sich, weil es sich von innen heraus rein geistig zu verwandeln strebt, der alten Form umso hartnäckiger und konsequenter anschließt, als anmaßend und

Ein Brief von Felix Mendelssohn an Zelter aus London vom 23. Juni 1829, worin der Schüler seinem Lehrer versichert, seine – Zelters – Lieder »würden Lieblingslieder der Engländer werden, und das wäre gar zu hübsch«.

*Abraham Mendelssohn Bartholdy – hier von Wilhelm
Hensel gezeichnet – war mit dem Gebrauch des Familien-
Doppelnamens durch den Sohn in England nicht einver-
standen und sah sich deswegen zu einem langen Mahnbrief
veranlaßt. Die Emanzipation vom Judentum blieb für Abraham zeitlebens ein Problem, das ihm inmitten einer betont judenfeindlichen Gesellschaft große Sorgen bereitete,
vor allem im Blick auf die Zukunft seiner Kinder.*

Die Kathedrale zu Durham. Aquarell von Felix Mendelssohn, 1829. Felix hatte einen gründlichen Zeichenunterricht bei einem Landschaftsmaler genossen und hielt die Eindrücke von seinen Reisen in zahlreichen Skizzen fest. Nach diesen Entwürfen hat er dann später seine Aquarelle ausgearbeitet. Den von ihm mehrfach gezeichneten Blick auf die Kathedrale von Durham aquarellierte er für das Album von Fanny, vermutlich erst nach seiner Rückkehr.

Entwurf zum Anfang des ersten Satzes der Schottischen Symphonie vom 30. Juli 1829, Skizze von Felix Mendelssohn.

Die Fingalshöhle auf der Hebriden-Insel Staffa. Aquarell von Carl Gustav Carus, 1834.

herrschsüchtig die neue Form meint und behauptet, eben nur durch sie sei das Gute zu erreichen.

Der Standpunkt, auf welchen mich mein Vater und meine Zeit gestellt, legte mir gegen Euch, meine Kinder, andere Pflichten auf, und gab mir andere Mittel an Händen, ihnen zu genügen, ich hatte gelernt, und werde es bis an meinen letzten Atemzug nicht vergessen, daß die Wahrheit nur eine und ewig, die Form aber vielfach und vergänglich ist, und so erzog ich Euch, solange die Staatsverfassung, unter der wir damals lebten, es zugeben wollte, frei von aller religiösen Form, welche ich Eurer eigenen Überzeugung, im Fall diese eine erheischen sollte, oder Eurer Wahl nach Rücksichten der Konvenienz überlassen wollte. Das sollte aber nicht sein, ich mußte für Euch wählen. Daß ich keinen innern Beruf fühlte, bei meiner Geringschätzung aller Form überhaupt die jüdische als die veraltetste, verdorbenste, zweckwidrigste für Euch zu wählen, versteht sich von selbst, so erzog ich Euch in der christlichen als der gereinigteren von der größten Zahl zivilisierter Menschen angenommenen und bekannte mich auch selbst zu derselben, weil ich für mich tun mußte, was ich für Euch als das bessere erkannte. So wie aber meinem Vater sich die Notwendigkeit aufgedrängt hatte, seinen Namen seiner Lage angemessen zu modifizieren, so erschien es mir Pietät und Klugheitspflicht zugleich, das auch zu tun. Hier habe ich mir eine Schwäche vorzuwerfen, ich bekenne sie, aber ich halte sie für verzeihlich. Was ich für recht hielt, hätte ich ganz und entschieden tun sollen. Ich hätte den Namen Mendelssohn ganz ablegen und den neuen ganz annehmen sollen; ich war meinem Vater schuldig, es zu tun, ich tat es nicht, um langjährige Gewohnheit, viele Mitlebende zu schonen, schiefen und giftigen Urteilen zu entgehen; ich tat Unrecht, ich wollte den Übergang vorbereiten, ihn Euch erleichtern, die ihr nichts zu schonen und zu besorgen hättet. Ich ließ sehr absichtlich Deine Karten in Paris Felix M. Bartholdy stechen, da Du im Begriff warst, in die Welt zu treten und Dir einen Namen zu machen. Du bist in meine Ideen nicht eingegangen, ich habe auch hier wieder, schwach genug, nicht eingegriffen, und wünsche mehr als ich erhoffe oder verdiene, daß mein jetziges Einschreiten nicht zu spät kommt. Du kannst und darfst nicht Felix Mendelssohn heißen. Felix Mendelssohn Bartholdy ist zu lang und kann kein täglicher Gebrauchsname sein, Du mußt dich also Felix Bartholdy nennen, weil der Name ein Kleid ist und dieses der Zeit, dem Bedürfnis, dem Stande angemessen sein muß, wenn es nicht hinderlich oder lächerlich werden soll. Die Engländer, sonst so förmlich, altrechtgläubig und steif, ändern ihre Namen öfters im Leben, und es wird fast keiner unter dem Namen berühmt, den er in der Taufe erhalten. Und sie haben Recht. Ich wiederhole Dir, einen christlichen Mendelssohn gibt es so wenig als einen jüdischen Konfuzius. Heißt Du Mendelssohn, so bist Du eo ipso ein Jude, und das taugt Dir nichts, schon weil es nicht wahr ist.«

Schon der Umfang dieses Briefes zeigt, wie außerordentlich wichtig dieses Problem in den Augen Abrahams war. Galt auch der Antisemitismus in Deutschland nicht mehr als so bedrohlich und militant wie noch zehn Jahre zuvor, so konnte man ihn aber doch keineswegs als überwunden ansehen. Noch 1830 und 1835 kam es im sonst so liberalen Hamburg zu sogenannten »Judentumulten«, und bis zur endgültigen bürgerlichen Gleichstellung sollte es noch viele Jahre dauern. Der Name »Bartholdy« wäre niemals ein wirklicher

Schutz gewesen, so wenig es die christliche Taufe bedeutete. Felix ist zeitlebens ein überzeugter evangelischer Christ gewesen und hat die evangelische Kirchenmusik um bedeutende Werke bereichert; vor antisemitischen Bösartigkeiten konnte ihn das nicht bewahren. Die Ansicht seines Vaters, einen christlichen Mendelssohn könne es niemals geben, wird er wohl – bei aller unbedingten Verehrung für den Vater – eher als etwas abwegig empfunden haben, jedenfalls änderte auch dieser eindringlich mahnende Brief nichts daran, daß auch auf den weiteren Konzertprogrammen in England und in Schottland der Zusatz »Bartholdy« fehlt. Dennoch erscheint der Doppelname auf den gedruckten Kompositionen und in der Unterschrift seiner Briefe, freilich stets bei voll ausgeschriebenem Namen Mendelssohn. Der Enkel von Moses sah nicht ein, warum er sich dieses großen Namens entledigen sollte, dem Neffen des ungeliebten Onkels Jacob mag es nicht leicht geworden sein, den Namen des ihm so Unsympathischen ein Leben lang führen zu müssen. Und der Nachwelt schließlich ist der Doppelname bis heute nie zu lang gewesen, und wenn, so kürzte man ihn zu Felix Mendelssohn, aber nicht ein einziges Mal zu Felix Bartholdy.

Mit Carl Klingemann reiste Felix in der Postkutsche im Juli ins schottische Hochland nach Durham und Edinburgh. Hier besuchte er den Palast der unglücklichen Maria Stuart, und er berichtete darüber seiner Familie: »In der tiefen Dämmerung gingen wir heut nach dem Palaste, wo Königin Maria gelebt und geliebt hat. Es ist da ein kleines Zimmer zu sehen, mit einer Wendeltreppe an der Tür. Da stiegen sie hinauf und fanden den Rizzio im kleinen Zimmer, zogen ihn heraus, und drei Stuben davon ist eine finstere Ecke, wo sie

Wilhelm Hensel: Selbstbildnis 1829. – Der begabte Zeichner heiratete 1829 Fanny Mendelssohn. Mit seinem Schwager Felix, den er mehrfach portraitierte, verband ihn eine sehr herzliche Beziehung. Hensel hat alle Mitglieder der Familie und ihren Freundes- und Bekanntenkreis in zahlreichen Bleistiftzeichnungen dargestellt; sein und Fannys Sohn Sebastian schrieb später die Familiengeschichte.

»Ich wollte die Freude des gestrigen Abends nicht durch die Bemerkung stören, daß ich es nicht passend fände, wenn ein junger Mann
einem jungen Mädchen sein Bildnis schenkt ...« Brief von Lea
Mendelssohn an Wilhelm Hensel vom 25. Dezember 1822.

Eduard Devrient, gezeichnet von Wilhelm Hensel, 1831.

Felix Mendelssohn Bartholdy, wie ihn 1830 James Warren Childe in London aquarellierte: Sicher im Auftreten, erfolgsgewohnt, der Liebling der Londoner und ein ganz klein wenig auch der elegante Dandy.

ihn ermordet haben. Der Kapelle daneben fehlt nun das Dach; Gras und Efeu wachsen viel darin, und am zerbrochenen Altar wurde Maria zur Königin von Schottland gekrönt. Es ist da alles zerbrochen, morsch, und der heitere Himmel scheint hinein. – Ich glaube, ich habe heute da den Anfang meiner Schottischen Symphonie gefunden.«

Felix hatte damals die ersten sechzehn Takte seiner 3. Symphonie, genannt »Schottische Symphonie«, niedergeschrieben, vollendet hat er sie aber, wie so oft, erst 1832, in der gültigen Neufassung sogar erst 1842. Ähnlich erging es ihm mit seiner so ungemein populär gewordenen Konzertouvertüre »Die Hebriden«. Mit Klingemann hatte er Anfang August die Insel Staffa mit der berühmten Fingalshöhle besichtigt, geplagt von schlimmer Seekrankheit. Am 7. August 1829 notierte er den berühmten Anfang der Ouvertüre in einem Brief an die Familie. Ein paar Tage später ergänzte er:

»Was liegt da alles dazwischen. Die gräßlichste Seekrankheit, Staffa, Gegenden, Reisen, Menschen; Klingemann mag sie beschreiben, denn erstlich hat er nicht, wie ich, heut Posttag nach London gehabt, wohin ich mehrere Briefe habe schreiben müssen, zweitens ist er nicht wie ich von starken Kopfschmerzen seit heut Abend geplagt, die mir das Denken erschweren, das Schreiben unmöglich machen. Dazu nehmt, daß es jetzt Mitternacht ist, und wir nach unserer Hochlandreise heut gleich einen Tag voll Maschinen, Sälen, Kirchen, Dampf, Menschen, Schornsteinen zugebracht haben, und ihr werdet mich entschuldigen, wenn ich mich kurz fasse. Ich kann heut nicht mehr ... Wir trennen uns dann, Klingemann geht nach London zurück, und wie ich meine Reise einrichte, werde ich über 8 Tage genau melden können. Im Ganzen denk ich noch 3 Wochen von da ab hier auf den Inseln zu bleiben und dann nach dem Kontinent zu gehen.«

Aber es kam anders. Bei einem Unfall am 17. September in London wurde er aus dem Wagen geschleudert und am Knie verletzt; der Arzt verordnete eine längere Bettruhe. Das bedeutete: Er würde an der für den 3. Oktober festgesetzten Hochzeit von Fanny mit dem Maler Wilhelm Hensel nicht teilnehmen können, was ihn besonders bekümmerte, da ihn mit Fanny eine ungewöhnlich enge Beziehung verband.

Wahrscheinlich hat es keinen Menschen gegeben, der Mendelssohn so nahegestanden hat wie seine um vier Jahre ältere Schwester. Sie war über alle seine künstlerischen Pläne informiert und erfuhr als erste davon, und da sie nicht nur eine hochbegabte Pianistin war, sondern auch selber ganz exzellent komponierte, akzeptierte Felix von ihr auch Kritik. Wegen ihrer besonderen Verehrung für den Thomaskantor Johann Sebastian Bach wurde sie von Felix »Kantor« genannt. Ihre Liebe zum Bruder schloß Eifersucht nicht aus, und es gab Spannungen, wenn etwa Felix merkte, daß sie seine Sachen durchstöbert und ihm nachspioniert hatte. An ihrem Hochzeitsmorgen, so schrieb sie dem Bruder, habe sie völlig die Fassung verloren, habe weinend sein Bild geküßt und sich in Liebe und Sehnsucht nach ihm verzehrt. Ihre einzige Sorge war, ihre Heirat mit Wilhelm Hensel könnte vielleicht die Beziehung zum Bruder lockern, was aber zu keiner Zeit zutraf. Doch Fannys Exaltiertheit verlor sich, und das Verhältnis zwischen den Geschwistern wurde ruhiger und tiefer.

Freilich trug dazu auch die reife, ausgeglichene und liebenswerte Persönlichkeit Wilhelm Hensels das ihre bei. Hensel, 1794 als Sohn eines Pfarrers in Trebbin geboren, machte durch seine große zeichnerische Begabung auf sich aufmerksam und hatte Fanny 1821 bei einer Ausstellung in seinem Atelier kennengelernt. Er bekam von der preußischen Regierung ein Rom-Stipendium. Den Mendelssohns konnte das nur recht sein; ein fünfjähriger Aufenthalt in Rom würde für die beiden jungen Leute eine gehörige Bedenkzeit bedeuten, kam aber Hensel doch bitter an, denn Mutter Lea verbot kategorisch einen Briefwechsel und erklärte ihm Fannys Gefühle aus der Sicht (und Kenntnis) einer Mutter: »Sie sollen sie durchaus nicht in jene verzehrende Empfindung reißen wollen und sie durch verliebte Briefe in eine Stimmung schrauben, die ihr ganz fremd ist und die sie auf mehrere Jahre sehnsüchtig, schmachtend, verzehrend machen würde, indes sie jetzt blühend, gesund, heiter und frei vor mir steht.« Dafür durfte Hensel mit Mutter Lea korrespondieren, und Fanny bekam davon das Nötige mitgeteilt. Als »Edmund Lehsen« ließ E. T. A. Hoffmann den jungen Wilhelm Hensel in seiner Erzählung »Die Brautwahl« auftreten und unter ganz ähnlichen Bedingungen nach Rom gehen; allerdings konnte sich Hoffmann die kleine Boshaftigkeit nicht versagen, daß sich seine Heldin Albertine nach Lehsens Abreise bald um andere Verehrer bemühte, indes Lehsens Briefe aus Rom immer kühler wurden. Bei den Mendelssohns aber lief es anders ab: »Er wurde belohnt; Fanny war noch frei«, schrieb treuherzig beider Sohn Sebastian, und somit stand einer Heirat nichts mehr im Wege, und Hensel wurde gleichsam der Portraitist der Familie: Er hat alle ihre Mitglieder in zahlreichen Bleistiftzeichnungen festgehalten.

Zur Hochzeit der Schwester einzutreffen, hatte der Unfall verhindert, zur Silberhochzeit der Eltern aber blieb genügend Zeit. Zu diesem Anlaß hatte Felix ein Singspiel komponiert, dessen Libretto Carl Klingemann verfaßte unter dem beziehungsreichen Titel »Die Heimkehr aus der Fremde«. Für die Geschwister und Freunde wurden Rollen entworfen, sogar der Schwager Wilhelm Hensel mußte mittun, obwohl er ziemlich unmusikalisch war. Felix schrieb ihm eine ganz kleine Partie, in der er nur immer ein und denselben Ton zu wiederholen hatte.

Nachdem Felix am 7. Dezember wieder in Berlin eingetroffen war, blieb für das Einstudieren nicht mehr viel Zeit, und am 25. Dezember erlebte das Stück seine häusliche Premiere. Allerdings nicht ohne einige Hindernisse, von denen Devrient erzählt, der ausgerechnet an diesem Abend beim Kronprinzen als Sänger dienstverpflichtet war: »Felix nahm die Hiobspost mit Bestürzung auf und mit einem Verdruß, der fast Unwille war. Ungewohnt, sich in seinen Unternehmungen gekreuzt zu sehen, verlor er über das Wirrsal, was er vor sich sah, ganz seine gewohnte Achtung vor der Stellung anderer. Er verlangte, ich solle mich dispensieren lassen vom Hofkonzerte, das doch im Grunde nicht in meiner Dienstverpflichtung liege usw., kurz die Aufführung des Liederspiels schien ihm im Augenblicke das absolut Wichtigste in der Welt. Meine Tröstung, daß ich den Versuch machen wolle, den Generalintendanten zu vermögen, mich zeitiger vom Konzerte zu entlassen, und wenn dies nicht ausführbar wäre, daß alsdann, nach Aufführung von Fannys Festspiele, mit dem Liederspiele gewartet werden müsse – vielleicht über das Abendessen hin – bis ich vom Schloß zurück sei: Das schien ihm eine Störung und Verwirrung des ganzen Festes, und seine Aufregung darüber nahm dergestalt zu, daß er im Abendkreise der Familie anfing irre zu reden, unaufhörlich englisch zu sprechen und die Seinen in großen Schrecken zu versetzen. Die entschiedene Ansprache des Vaters brachte endlich den wilden Redestrom zum Stehen, man schaffte ihn zu Bett, und ein zwölfstündiger tiefer Schlaf brachte ihn wieder in normalen Zustand.«

Es verlief denn auch alles gut. Devrient kam rechtzeitig vom Hof zurück und durfte die ganz auf ihn zugeschnittene Partie des Kauz singen, und Hensel, der den Dorfschulzen gab, verfehlte prompt den einen einzigen Ton, den er in einem Terzett (seinem einzigen Auftritt) zu halten hatte: »... obschon er ihm von allen Seiten zugehaucht wurde. Das war für Felix vielleicht das größte Plaisir des Abends, er mußte sich auf die Partitur bücken, um sein Lachen zu verbergen«.

Die Aufführung des Singspiels fand statt im Haus Leipziger Straße 3, das Abraham 1825 erworben hatte und das Sebastian Hensel, Fannys Sohn, so beschrieben hat:

»In diesem wundervollen Hause und Garten verlebten Abraham und Lea den Rest ihres Lebens, hier heiratete Fanny und lebte auch bis zuletzt hier. Allen Mitgliedern der Familie war aber dies Haus nicht ein gewöhnlicher Besitz, ein toter Steinhaufen, sondern lebendige Individualität, ein Mitglied, teilnehmend am Glück der Familie, es war ihnen und den Nächststehenden gewissermaßen Repräsentant derselben. In diesem Sinne brauchte Felix oft den Ausdruck ›Leipziger Straße 3‹, und in diesem Sinne liebten alle das Grundstück und betrauerten seinen Verlust, als es nach Fannys und Felix' Tode verkauft wurde. – Die Räume waren stattlich, groß und hoch, mit jener angenehmen Raum-

verschwendung gebaut, die in den Zeiten der hohen Grund-
stückspreise den Architekten fast ganz abhanden gekommen
und für deren Wert kaum mehr das Verständnis – oder die
Mittel – vorhanden zu sein scheinen. Namentlich war ein
Zimmer nach dem Hof hinaus mit einem daranstoßenden,
durch drei große Bogen damit verbundenen Kabinett wun-
derschön und zu Theatervorstellungen wie geschaffen. Hier
wurden denn auch viele, viele Jahre hindurch zu Weihnachten, Geburts- und anderen Festen die reizendsten von Witz
und Laune sprudelnden Aufführungen veranstaltet. Für gewöhnlich war dies Leas Wohnzimmer. Man hatte aus den
Fenstern desselben die Aussicht auf den sehr großen Hof,
umgeben von niedrigen Seitengebäuden und geschlossen
durch die einstöckige Gartenwohnung, über welche hinweg
die Kronen der hohen Bäume ragten. Diese Gartenwohnung hatten Hensels von ihrer Verheiratung ab inne.«

Die sieben Monate in England und Schottland bedeuteten
in der Entwicklung von Felix Mendelssohn Bartholdy sehr
viel. Er brachte die Skizzen zur Schottischen Symphonie,
zur Hebriden-Ouvertüre und zur Reformationssymphonie
mit nach Hause, das Streichquartett Es-dur op. 12 war entstanden und die drei Capricen für Klavier op. 16. Aber
wichtiger noch war dies: Der erst Zwanzigjährige war zum
Mann und zum Künstler gereift, und das Aquarell, das
James Warren Childe damals von ihm gemalt hat, zeigt uns
einen selbstbewußten jungen Menschen mit kritischem
Blick und entschlossener Haltung. Sieben Monate lang
hatte er sich fern der Familie und im Ausland behaupten
müssen und durfte sich seiner Bewährung sicher sein. Was
ihm noch fehlte, sollte eine zweite Reise bringen, deren Sta-
tionen und Ablauf der Vater in allen Punkten mit ihm be-

sprach, eine Reise, die jetzt nicht sieben, sondern 25 Monate währen sollte, mit dem Ziel Italien.

Die große Reise

Sie begann am 8. Mai. Von Berlin aus ging es nach Leipzig und von da nach Weimar zu Goethe. Dem hatte Freund Zelter knurrend geschrieben: »Ich kann die Zeit nicht erwarten, daß der Junge aus dem vertrackten Berlinschen Klimperwesen und nach Italien kommt, wohin er nach meinem Dafürhalten gleich zuerst hätte kommen sollen. – Dort haben die Steine Ohren, hier essen sie Linsen mit Schweinsohren.«

Fast schien es, als wollte sich der junge Mann von dem greisen Dichter, der längst zum lebenden, aber höchst lebendigen Monument geworden war, den Reisesegen holen. Es war nun der vierte Besuch bei Goethe, und Felix berichtete höchst aufgeräumt darüber seiner Familie in gewohnter Ausführlichkeit:

»Ich mußte ihm vorspielen, und er meinte: Wie das so sonderbar sei, daß er so lange keine Musik gehört habe. Nun hätten wir die Sache immer weiter geführt, und er wisse nichts davon. Ich müßte ihm darüber viel erzählen, ›denn wir wollen doch auch einmal vernünftig miteinander sprechen‹. (. . .) Da ich Goethe gebeten hatte, mich ›Du‹ zu nennen, ließ er mir den folgenden Tag durch Ottilie sagen, dann müsse ich aber länger bleiben als zwei Tage, wie ich gewollt hatte; sonst könne er sich nicht wieder daran gewöhnen. Wie er mir das nun noch selbst sagte und meinte, ich würde wohl nichts versäumen, wenn ich etwas länger bliebe, und mich einlud, jeden Tag zum Essen zu kommen, wenn ich nicht anderswo sein wollte; und wie ich das annahm, weil ich außer der Table d'hôte keinen Bekannten habe, bei dem ich mittags sein könnte; wie ich denn nun bis jetzt jeden Tag da war und ihm gestern von Schottland, Hengstenberg, Spontini und Hegels Ästhetik erzählen mußte; wie er mich dann nach Tiefurt mit den Damen schickte, mir aber verbot, nach Berka zu fahren, weil da ein schönes Mädchen wohne und er mich nicht ins Unglück stürzen wolle; und wie ich dann so dachte, das sei nun der Goethe, von dem die Leute mal behaupten würden, er sei gar nicht *eine* Person, sondern er bestehe aus mehreren Goetheiden – da wäre ich wohl recht toll gewesen, wenn mich die Zeit gereut hätte. (. . .) Vormittags muß ich ihm ein Stündchen Klavier vorspielen, von allen verschiedenen großen Komponisten, nach der Zeitfolge, und muß ihm erzählen, wie sie die Sache weitergebracht hätten. Und dazu sitzt er in einer dunklen Ecke wie ein Jupiter tonans und blitzt mit den alten Augen.

An den Beethoven wollte er gar nicht heran. – Ich sagte ihm aber, ich könne ihm nicht helfen, und spielte ihm das erste Stück der c-moll-Symphonie vor. Das bewegte ihn ganz seltsam. Er sagte erst: ›Das bewegt aber gar nichts; das macht nur staunen, das ist grandios!‹, und dann brummte er so weiter und fing nach langer Zeit wieder an: ›Das ist sehr groß, ganz toll; man möchte sich fürchten, das Haus fiele ein. Und wenn das nun alle die Menschen zusammenspielen!‹ Und bei Tische, mitten in einem anderen Gespräch, fing er wieder damit an.

Daß ich nun alle Tage bei ihm esse, wißt Ihr schon. Da fragt er mich denn sehr genau aus und wird nach Tische immer so munter und mitteilend, daß wir meistens noch

Blick auf Florenz. Aquarell von Felix Mendelssohn, 1830. »Vorgestern war ich müde von allen Bildern, Statuen, Vasen und Museen, beschloß also um 12 bis Sonnenuntergang spazieren zu gehen, kaufte mir einen Strauß von Tazetten und Heliotrop und stieg nun so zwischen den Weinbergen den Hügel hinauf. Es war einer der heitersten Spaziergänge, die ich gemacht habe; es muß einem erquickt und frisch zu Muthe werden, wenn man die ganze Natur um sich her so sieht«, schrieb Felix am 30. Oktober 1830 aus Florenz an seinen Bruder Paul.

Während des Besuchs von Felix Mendelssohn in Weimar veranlaßte Goethe den Zeichner Johann Joseph Schmeller, für ihn den jungen Komponisten zu portraitieren. »Morgen wird mein Portrait fertig; es wird eine große, schwarze, sehr ähnliche Kreidezeichnung; aber ich sehe sehr brummig aus«, schrieb Felix am 25. Mai 1830 an die Familie in Berlin.

über eine Stunde allein im Zimmer sitzen bleiben, wo er ganz ununterbrochen spricht. Das ist eine einzige Freude, wie er einmal mir Kupferstiche holt und erklärt, oder über ›Hernani‹ und Lamartines Elegien urteilt, oder über das Theater, oder über hüsche Mädchen. Abends hat er schon mehrere Male Leute gebeten, was jetzt, wie Ottilie mir sagt, bei ihm die höchste Seltenheit ist, so daß die meisten Gäste ihn seit langem nicht gesehen hatten. Dann muß ich viel spielen, und er macht mir vor den Leuten Komplimente, wobei ›ganz stupend‹ sein Lieblingswort ist.

Heute hat er mir eine Menge Schönheiten von Weimar zusammengebeten, weil ich doch auch mit den jungen Leuten leben müsse. Komme ich dann in solcher Gesellschaft an ihn heran, so sagt er: ›Meine Seele, du mußt zu den Frauen hingehen und da recht schöntun!‹

Als neulich eine wunderhübsche, nette, zarte, etc. Gräfin Pappenheim hereinkam, so sagte er halb zu mir, halb in den Bart: ›Zierliches Wesen! Lebt so munter in die Welt hinein und weiß, daß es hübsch ist und Freude macht, und überhebt sich darum nicht – ist ein zierliches Wesen!‹ Dann verliert sich's in unverständliches Murmeln. Dann geht er ihr nach, macht sich niedlich, teilt ein Stück Kuchen mit ihr – und so lebt der alte Zecher. Ich glaube stark, er ist ein deutscher Dichter!«

Vom Autor des »Faust« mit einem Kuß verabschiedet, setzte Felix nach vierzehn Tagen Aufenthalt in Weimar die Reise fort; sie führte nun über München nach Salzburg. Die Excellenz hatte ihn nicht gern ziehen lassen und schrieb an Zelter:

»Mir war seine Gegenwart besonders wohltätig, da ich fand, mein Verhältnis zur Musik sei noch immer dasselbe; ich höre sie mit Vergnügen, Anteil und Nachdenken, liebe mir das Geschichtliche; denn wer versteht irgendeine Erscheinung, wenn er sich von dem Gang des Herankommen nicht penetriert? – Dazu war denn die Hauptsache, daß Felix auch diesen Stufengang löblich einsieht und glücklicherweise sein gutes Gedächtnis ihm Musterstücke aller Art nach Belieben vorführt. – Von der Bachschen Epoche heran hat er mir wieder Haydn, Mozart und Gluck zum Leben gebracht, von den neuen großen Technikern hinreichende Begriffe gegeben, und endlich mich seine eigenen Produktionen fühlen und über sie nachdenken machen. Er ist daher mit meinen besten Segnungen geschieden.«

Von Salzburg führte die Reise nach Wien, dessen Musikleben – Beethoven und Schubert waren erst vor wenigen Jahren gestorben – er als seicht geworden, ja als ausgesprochen »liederlich« empfand. Aus lauter Protest gegen das oberflächliche Getue komponierte er hier evangelische Kirchenmusik, und daran hielt er erst recht in Italien fest, wo er über Venedig, Bologna und Florenz am 1. November in Rom eintraf.

Hatte ihn schon der belanglose musikalische Betrieb in Wien geärgert, so war er über das Musikleben Italiens – ausgenommen die geistliche Musik – hell entsetzt und fand dafür grobe Worte: »Unter aller Kritik jämmerlich«, »sie macht mir Zahnschmerzen«, »eine wahre Katzenmusik« – sind wiederholte Ausbrüche in seinen Briefen. Da er aber ein wohlerzogener junger Mann war, verschloß er seinen Unmut in die Post nach Berlin und gab sich weltmännisch. Überall wurde er eingeladen, von Herzögen und Kardinälen, von Diplomaten und Künstlern. Er verkehrte mit Hector Berlioz, er schätzte unter den Künstlern den französischen Maler Horace Vernet (der ihn portraitierte), den Deutschen Wilhelm Schadow aus Düsseldorf und den großen dänischen Bildhauer Bertel Thorwaldsen, und man muß sich immer wieder in die Erinnerung rufen, daß dieser so Bewunderte und Umworbene gerade erst 21 Jahre alt war, wenn er lässig seiner Familie berichtete:

»Mein Klavierspielen verschafft mir hier eine besondere Freude: Ihr wißt, wie Thorwaldsen die Musik liebt, und da spiele ich ihm des Morgens zuweilen vor, während er arbeitet, er hat ein recht gutes Instrument bei sich stehen, und wenn ich mir dazu den alten Herrn ansehe, wie er an seinem braunen Ton knetet und den Arm oder ein Gewand so fein ausglättet, kurz, wenn er das schafft, was wir alle nachher als fertig und dauernd bewundern müssen, so freut mich's sehr, daß ich ihm ein Vergnügen bereiten kann. Übrigens bin ich bei alledem doch hinter der Arbeit her, die Hebriden sind endlich fertig und ein sonderbares Ding geworden, das Nonnenstück habe ich im Kopfe, zu Weihnachten denke ich mir den Lutherschen Choral zu komponieren; denn diesmal werde ich ihn mir allein machen müssen; das ist denn freilich ernsthafter, und auch die silberne Hochzeit, wo ich mir viel Lichter anstecken will und mir das Liederspiel vorsingen und meinen englischen Taktstock dazu ankucken und auch das Neujahrsfest; nach Neujahr will ich mich an die Instrumentalmusik wieder machen, mehreres für Klavier schreiben und vielleicht noch eine oder die andere Symphonie, denn mir spuken zwei im Kopfe herum.«

Die erwähnten Werke sind die Konzertouvertüre »Die Hebriden« und die Choralkomposition »Verleih uns Frieden gnädiglich« für Chor und Orchester (für die sich später Robert Schumann so außerordentlich begeisterte), und die in seinem Kopf spukenden Symphonien sind die 3., die Schottische, und die 4., die Italienische. Aber mit dem Fertigwerden tat er sich schwer, denn wenn ihm auch scheinbar alles zuflog und scheinbar alles so mühelos von der Hand ging, so hat er doch gerade an seinen Hauptwerken ungewöhnlich lange gearbeitet, war immer wieder unzufrieden und vor allem sehr zurückhaltend mit dem Publizieren und der Auszeichnung mit der opus-Zahl als gleichsam einem Gütesiegel. Wohl lag die Hebriden-Ouvertüre jetzt vor (und wie lange arbeitete er schon daran), aber diese Fassung mochte ihm nicht genügen. Noch im Januar 1832 schrieb er der Familie: »Die Hebriden aber kann ich hier nicht geben, weil ich sie ... nicht als fertig betrachte; der Mittelsatz im Satz D-dur ist sehr dumm und die ganze sogenannte Durchführung schmeckt mehr nach Kontrapunkt als nach Tran und Möwen und Lebertran, und es sollte doch umgekehrt sein.« Erst im November 1833 schrieb er seiner Mutter: »In den letzten Tagen hab' ich die Partitur der Hebriden zum Druck fertig gemacht. Die Ouvertüre ist viel besser geworden durch *dreimalige Verbesserungen*.« Das bedeutete eine Zeit von vier Jahren zwischen der ersten Skizze und der endgültigen Fassung. Für die Schottische Symphonie, die 3. in a-moll, brauchte er volle dreizehn Jahre, und als dann die 4. Symphonie, die Italienische, nach dreijähriger Arbeit 1833 abgeschlossen war, mochte er sie nicht veröffentlichen. Sie blieb ohne opus-Bezeichnung. (Alle opus-Zahlen nach opus 72 stammen von den Nachlaßverwaltern.)

Am 1. März 1831 ließ er aus Rom die Familie wissen: »Wie ich das Datum schreibe, wird mir bang bei dem Gedanken, wie schnell die Zeit verfliegt. Ehe der Monat zu Ende ist, fängt die Heilige Woche an, und nach der Heiligen

Woche bin ich in Rom am längsten gewesen. Nun denke ich nach, ob die Zeit recht benutzt war, und es fehlt mir an allen Ecken. – Wenn ich nur noch die eine (die ›Schottische‹) von den beiden Symphonien hier fassen könnte! Die ›Italienische‹ will und muß ich mir aufsparen, bis ich Neapel gesehen habe; denn das muß mitspielen. Aber auch die andere läuft weg, je näher ich ihr kommen möchte. Und je näher das Ende dieser römischen, ruhigen Zeit heranrückt, desto befangener werd' ich und desto weniger will es gehen. Mir ist, als würde ich lange nicht wieder so zum behaglichen Schreiben kommen wie hier, und da möchte ich gern noch alles fertig machen. – Das geht aber nicht. Nur die ›Walpurgisnacht‹ rückt schnell vor und ist bald beendigt, hoff' ich!– Dann will ich nun auch jeden Tag zeichnen, um mir meine Erinnerungsplätze von hier mitzunehmen; will noch viel sehen; und so weiß ich schon, wie auch *der* Monat plötzlich zu Ende sein wird, und es wird wieder fehlen. Und wirklich ist es doch gar zu einzig schön hier!«

Am 10. April 1831 verließ er Rom und fuhr nach Neapel, arbeitete dort besonders an der Italienischen Symphonie und besuchte die antiken Monumente in der Umgebung: Pompeji, Cumae, Paestum. Nach Sizilien überzusetzen, was er gern gewollt hätte, untersagte ihm der Vater. In Neapel machte er die Bekanntschaft des Dichters August von Platen, der in Süditalien im selbstgewählten Exil lebte, da ihm die politischen Verhältnisse im biedermeierlichen (vormärzlichen) Deutschland unerträglich geworden waren. In seiner formstrengen Lyrik veherrlichte er das hellenische Schönheitsideal (»Wer die Schönheit angeschaut mit Augen,/Ist dem Tode schon anheimgegeben ...«), in politischen Gedichten attackierte er die Deutschen (»Du weißt es längst, man kann hienieden/Nichts Schlechtres als ein Deutscher sein«). Felix fand den berühmten Mann unsympathisch:

»Graf Platen ist ein kleiner, verschrumpfter, goldbebrillter, heiserer Greis von fünfunddreißig Jahren. Er hat mir Furcht gemacht. Die Griechen sehen anders aus! – Er schimpft auf die Deutschen gräßlich, vergißt aber, daß er es auf Deutsch tut.«

Anfang Juni war Felix wieder in Rom, blieb noch zwei Wochen und fuhr dann über Florenz und Genua nach Mailand. Am 14. Juli 1831 konnte er von dort der Familie berichten:

»Erstlich nahm ich mir gleich ein Tafelklavier und packte die ewige Walpurgisnacht mit *rabbia* an, damit das Ding ein Ende nähme, und morgen früh wird sie auch richtig fertig. Das heißt bis auf die Ouvertüre, von der ich noch nicht weiß, ob ich eine große Symphonie oder eine kurze Frühlingseinleitung mache. Hierüber möchte ich einen Gelehrten hören. Nun ist das Ende besser geworden, als ich mir selbst gedacht hatte. Das Ungetüm und der bärtige Druide mit seinen Posaunen, die hinter ihm stehen und tuten, macht mir königlichen Spaß, und so brachte ich ein Paar Morgen sehr glücklich zu.«

Gemeint war die Vertonung von Goethes Gedicht »Die erste Walpurgisnacht«, eine der schönsten Kompositionen Mendelssohns, die er schon im September 1830 in Wien begonnen hatte. Aber auch dieses Werk, an dem der Komponist wieder und wieder arbeitete, bekam seine endgültige Fassung erst 1843, zwölf Jahre später. Bewundernd schrieb er an Goethe:

»Daß ich die Kühnheit gehabt habe, Ihre ›Erste Walpurgisnacht‹ zu komponieren, schrieb ich Ihnen schon von Rom aus. Nun habe ich sie in Mailand fertig gemacht. Es ist eine Art Kantate für Chor und Orchester geworden, länger und ausgedehnter, als ich zuerst gedacht hatte, weil die Aufgabe sich ausdehnte und größer ward und mir mehr sagte, je länger ich sie mit mir herumtrug. Erlauben Sie mir, Ihnen meinen Dank zu sagen für die himmlischen Worte! Wenn der alte Druide sein Opfer bringt und das Ganze so feierlich und unermeßlich groß wird, da braucht man gar keine Musik erst dazu zu machen. Sie liegt so klar da, es klingt alles schon; ich habe mir immer schon die Verse vorgesungen, ohne daß ich daran dachte . . . Das einzige, was ich hoffe, ist, daß man es meiner Musik anhören mag, wie tief ich die Schönheit der Worte empfunden habe.«

Fast noch wichtiger aber erschien es ihm, in Mailand überraschend die Bekanntschaft von Baron und Baronin Ertmann zu machen, alte Freunde Beethovens. In wenigen Stunden gewann er ihr Vertrauen und ihre Zuneigung, und die alten Leute waren glücklich, im musikalisch anspruchslosen Mailand einem Menschen zu begegnen, mit dem sie über Beethoven sprechen und mit dem sie Beethovens Musik spielen konnten.

Den zweiundzwanzigjährigen Felix erreichte ein Brief seines Freundes Eduard Devrient, in dem dieser scherzhaft Schillers »Don Carlos« zitierte: »Zweiundzwanzig Jahre, und nichts für die Unsterblichkeit getan!« Daran knüpfte sich die Mahnung des Älteren, »durch Psalmen und Choräle, auch wenn sie an Sebastian Bach erinnerten, nicht berühmt« zu werden, auch hatte ihn Devrient »wieder auf Opernkompositionen hingewiesen«. Felix, der auf Vorwürfe, die ihm unberechtigt erschienen, überaus empfindlich reagierte, fand sich von einem seiner engsten Freunde nicht verstanden. In seiner ausführlichen Antwort zog er so etwas wie eine Zwischenbilanz seiner bisher geleisteten Arbeit:

»Du machst mir Vorwürfe, daß ich schon 22 Jahre und doch noch nicht berühmt sei; ich kann darauf nichts anderes antworten, als: wenn Gott gewollt hätte, daß ich zu 22 Jahren berühmt sein sollte, so wäre ich's wahrscheinlich schon geworden; ich kann nichts dafür, denn ich schreibe ebenso wenig, um berühmt zu werden, als ich schreibe, um eine Kapellmeisterstelle zu erhalten. Es wäre schön, wenn beides sich einfinden wollte, so lange ich aber nicht gerade verhungre, so lange ist es Pflicht, zu schreiben, was und wie mir es ums Herz ist, und die Wirkung davon dem zu überlassen, der für mehr und Größeres sorgt. Nur daran danke ich immer mehr und aufrichtiger, so zu komponieren, wie ich es fühle, noch immer weniger Rücksichten zu haben, und wenn ich ein Stück gemacht habe, wie es mir aus dem Herzen geflossen ist, so habe ich meine Schuldigkeit dabei getan, und ob es nachher Ruhm, Ehre, Orden, Schnupftabaksdosen u. dergl. einbringt, kann meine Sorge nicht sein. Darüber waren wir ja auch ganz einig, denn es war der Hauptpunkt des Gesprächs, das wir in meiner kleinen Stube, auf den Hof heraus, hatten, in dessen Folge wir uns Du nannten, miteinander Bekanntschaft machten und einige Abende erträglich vergnügt miteinander zubrachten. – Meinst Du aber, ich hätte in dem Ausbilden meiner Kompositionen oder kurz: meiner selbst, etwas vernachlässigt oder versäumt, so sage mir genau und klar, *was* das ist und worin es besteht. Es wäre freilich ein schlimmer Vorwurf. Du willst, ich soll nur Opern schreiben, und hätte Unrecht, es nicht schon längst getan zu haben. Ich antworte: gib mir eine rechte Oper in die Hand, und in ein paar Monaten ist sie komponiert, denn ich sehne mich jeden Tag von neuem danach, eine Oper zu schreiben, ich weiß, daß es was Frisches, Lustiges werden kann, wenn ich es jetzt finde, aber eben die Worte sind nicht da. Und einen Text, der mich nicht ganz in Feuer setzt, komponiere ich nun einmal nicht. Wenn Du einen Mann kennst, der imstande ist, eine Oper zu dichten, so nenne ihn mir um Gotteswillen, ich suche nichts anderes. Aber bis ich nun einen Text habe, soll ich doch nicht etwa lieber nichts tun (auch wenn ich es könnte)? Und daß ich grade jetzt mehrere geistliche Musiken geschrieben habe, das ist mir ebenso Bedürfnis gewesen, wie's einen manchmal treibt, grade ein bestimmtes Buch, die Bibel oder sonst was, zu lesen, und wie es einem nur dabei recht wohl wird. Hat es Ähnlichkeit mit Seb. Bach, so kann ich wieder nichts dafür, denn ich habe es geschrieben, wie es mir zumute war, und wenn mir einmal bei den Worten so zumute geworden ist, wie dem alten Bach, so soll es mir umso lieber sein. Denn Du wirst nicht meinen, daß ich seine Formen kopiere, ohne Inhalt, da könnte ich vor Widerwillen und Leerheit kein Stück zuende schreiben. – Ich habe auch seitdem wieder eine große Musik komponiert, die auch vielleicht äußerlich mal wirken kann: ›Die erste Walpurgisnacht‹ von Goethe; ich fing es an, bloß weil es mir gefiel und mich warm machte, an die Aufführung habe ich nicht gedacht. Aber nun, da es fertig vor mir liegt, sehe ich, daß es zu einem großen Konzertstück sehr gut paßt, und in meinem ersten Abonnementskonzerte in Berlin mußt Du den bärtigen Druidenpriester singen, die Chöre ausgeführt von – unter gütiger Mitwirkung des etc. Ich habe Dir den Priester in die Kehle ge-

schrieben, mit Erlaubnis, also mußt Du ihn wieder heraus-
singen, und wie ich bis jetzt die Erfahrung gemacht habe,
daß die Stücke, die ich mit der wenigsten Rücksicht auf die
Leute gemacht hatte, gerade den Leuten immer am besten
gefielen, so, glaube ich, wird es auch mit diesem Stück gehen. Ich schreibe das bloß, damit Du siehst, daß ich auch *ans
Praktische denke.* Freilich immer erst hinterher, aber wer
Teufel soll Musik schreiben, die doch einmal das unprak-
tischste Ding in der Welt ist, (weshalb ich sie liebhabe) und
ans Praktische dabei denken! Es wäre, als ob einer die Lie-
beserklärung an seine Geliebte in Reime und Verse brächte
und ihr so hersagte.«

Und da ihn fast gleichzeitig seine Wiener Cousine Kathe-
rine von Pereira aufforderte, die Ballade »Die nächtliche
Heerschau« von Joseph Christian von Zedlitz (eines der populärsten Gedichte jener Jahre) zu vertonen, antwortete ihr
Felix auch hier: »Ich nehme es mit der Musik sehr ernsthaft
und halte es für unerlaubt, etwas zu komponieren, das ich
eben nicht ganz durch und durch fühle. Es ist, als sollte ich
eine Lüge sagen, denn die Noten haben doch einen bestimmten Sinn, wie die Worte – vielleicht einen noch be-
stimmteren.« Und er setzte ihr auseinander, warum er gerade diese Ballade, die ihn künstlerisch nicht überzeugte
(»Es kommt mir mehr wie eine geistreiche Idee, als wie ein
Gedicht vor; mir ist, als hätte der Dichter selbst nicht an
seine Nebelgestalten geglaubt«), unmöglich in Musik setzen
könne. Carl Loewe hat es dann getan, aber auch er konnte
die von Mendelssohn genau erkannte Schwäche dieser Ballade nicht durch eine effektvolle Vertonung kaschieren.

Eine Oper schreiben – wie gern! »Ich meinesteils habe
jetzt eine unbezwingliche Lust zu einer Oper und sogar

kaum Ruhe, irgendetwas anderes, kleineres anzufangen. Ich glaube, wenn ich heute den Text hätte, wäre morgen die Oper fertig«, schrieb er am 27. August 1831 aus Luzern an Wilhelm Taubert in Berlin. »Wo aber der Text herkommen soll, weiß ich noch weniger seit gestern Abend, wo ich zum erstenmal seit mehr als einem Jahre ein deutsches Ästhetikblatt wieder in die Hände bekam. Es sieht wahrhaftig auf dem deutschen Parnaß ebenso toll aus, als in der europäischen Politik. Gott sei bei uns! – Ich mußte den gespreizten Menzel verdauen, der damit auftrat, bescheidentlich Goethe schlecht zu machen; und den gespreizten Grabbe, der bescheidentlich Shakespeare schlecht machte, und die Philosophen, die Schiller doch zu trivial finden! – Ist Ihnen denn dies neuere hochfahrende unerfreuliche Wesen, dieser widerwärtige Zynismus auch so fatal wie mir?«

Und er fügte ein sehr charakteristisches Geständnis hinzu, das schön bezeugt, daß es dieser so reichbegabte junge Mensch nicht verlernt hatte (und nie verlernen würde), künstlerische Größe zu bewundern und zu verehren: »Und sind Sie mit mir einer Meinung, daß es die erste Bedingung zu einem Künstler sei, daß er Respekt vor dem Großen habe und sich davor beuge und es anerkenne und nicht die großen Flammen auszupusten versuche, damit das kleine Talglicht ein wenig heller leuchte? Wenn einer das Große nicht fühlt, so möchte ich wissen, wie er es *mich* will fühlen lassen. Und wenn all die Leute mit ihrer vornehmen Verachtung endlich selbst nur Nachahmungen dieser oder jener Äußerlichkeit hervorzubringen wissen, ohne Ahnung von jenem freien, frischen Schaffen, unbesorgt um die Leute und die Ästhetik und die Urteile und die ganze Welt – soll man da nicht schimpfen?«

Über Genf, Luzern, St. Gallen und Augsburg traf Felix Mendelssohn am 10. September 1831 in München ein, wo er innerhalb eines Monats sein erstes Klavierkonzert g-moll vollendet, »ein schnell hingeworfenes Ding«, wie er seine Komposition spöttisch bezeichnete. Es wurde am 17. Oktober dann in München uraufgeführt mit dem Komponisten am Flügel, dazu bekamen die Münchner seine Ouvertüre zum »Sommernachtstraum« und seine 1. Symphonie zu hören. König Ludwig I. gab persönlich das Zeichen zum Beifall, der überaus stürmisch ausfiel. Nicht gespielt hatte das Konzert die Pianistin, für die es überhaupt geschrieben worden war: Delphine von Schauroth. Felix hatte die Bekanntschaft der erst Sechzehnjährigen im Jahr zuvor gemacht und dabei nicht nur eine intelligente und begabte Künstlerin kennengelernt, sondern – Glückes genug! – noch dazu ein bildhübsches und reiches Mädchen. Er hatte sich stürmisch in sie verliebt und seine Liebe erwidert gefunden. Jetzt, ein Jahr später, war die Verliebtheit keineswegs abgeklungen, sondern die Flammen schlugen nun erst richtig hoch. Nicht nur Delphine und ihre Mutter hätten die Heirat mit Felix Mendelssohn gerne gesehen, sogar der bayerische König legte sie dem jungen Mann ganz unverblümt nahe. Doch wie heftig auch immer die Affäre gewesen sein mochte: Felix schreckte vor so früher Bindung zurück und reiste ab.

Als er Anfang November 1831 in Stuttgart eintraf, war er seit fast anderthalb Jahren auf Reisen und noch längst nicht am Ziel, wofern man überhaupt von einem Ziel hier sprechen darf. Die Reise des jungen Mannes entsprach dem Bildungsideal des wohlhabenden Bürgertums jener Zeit. Man nannte es »Bildungsreise« und wünschte sich, der junge Herr möchte sich die Luft Europas um die Nase wehen lassen, Eindrücke sammeln und Sprachen lernen. Viel Wert wurde auch darauf gelegt, Bekanntschaften zu machen und Freundschaften anzuknüpfen. Kurzum, der junge Reisende sollte lernen, daß hinter den Bergen auch Leute wohnen, und auf diese Weise seine Provinzialität abstreifen, die in einer Zeit ohne Eisenbahn und Auto und Flugzeug, ohne Telefon und schnellste Nachrichtenübermittlung sehr leicht in arge Krähwinkelei ausarten konnte. Dieser pädagogische Brauch der Bildungsreise war schon im 17. Jahrhundert aufgekommen, und wenn wir einmal davon absehen, daß nur ganz wenige Wohlhabende in diesen Genuß kommen konnten, so muß man diese Einrichtung als etwas ganz Vorzügliches und Nachahmenswertes bezeichnen. Ehe der Berufsalltag begann, bekam der junge Mann – Töchter blieben von diesen Errungenschaften für gewöhnlich ausgeschlossen – einen Eindruck, wie es in der Welt zugeht. Und wollte es das Glück, so fiel auch einiges Nützliche für den Beruf dabei ab, von den nicht minder notwendigen Erfahrungen in Herzensangelegenheiten ganz zu schweigen.

Nach Stuttgart, Frankfurt, Bonn und Düsseldorf langte er zu Beginn des Jahres 1832 in Paris an. Einer seiner ersten Briefe von dort ging an den verehrten Lehrer, Carl Friedrich Zelter in Berlin. Die Erfahrungen im Ausland hatten den Blick für die deutschen Verhältnisse geschärft, und es drängte Felix Mendelssohn, einige Beobachtungen dem alten Meister mitzuteilen:

»Wie ich jetzt nach all den Schönheiten, die ich in Italien und der Schweiz genossen hatte, nach allem Herrlichen, das ich gesehn und erlebt, wieder nach Deutschland kam, und namentlich bei der Reise über Stuttgart, Heidelberg, Frankfurt, den Rhein herunter bis Düsseldorf, da war eigentlich

Baumgruppe in Interlaken, gezeichnet von Felix Mendelssohn vom 17. bis 19. August 1842. »Auch habe ich wieder Nußbäume gezeichnet, viel besser wie damals, viel schlechter, als ich weiß, daß es eigentlich sein müßte«, schrieb er an seine Mutter und erinnerte in diesem Brief an den früheren Besuch in Interlaken 1832.

●◆ *Goethes Verlust ist eine Nachricht, die einen wieder so arm macht! – Wie anders sieht das Land aus! – Es ist so eine von den Botschaften, deren ich manche schon hier bekommen habe, die mir nun beim Namen Paris immer einfallen werden und deren Eindruck mir durch alle Freundlichkeit, alles Sausen und Brausen und das ganze lustige Leben hier nicht verlöschen wird.*

Felix Mendelssohn Bartholdy am 31. März 1832 aus Paris an seine Eltern in Berlin.

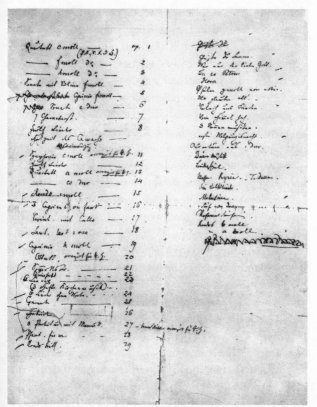

Die erste bekannte von Felix Mendelssohn Bartholdy vorgenommene Zusammenstellung seiner eigenen Kompositionen; sie umfaßt die Werke bis opus 29, dem für Ignaz Moscheles 1834 in Düsseldorf komponierten Rondo brillant in Es-dur für Klavier und Orchester.

der Hauptpunkt der Reise, denn da merkte ich, daß ich ein Deutscher sei und in Deutschland wohnen wolle, so lange ich es könne. Es ist wahr, ich kann da nicht so viel Schönheit genießen, nichts Herrliches erleben, aber ich bin da zu Hause. Es ist kein einzelner von den Orten, der mich eben besonders fesselte, wo ich besonders gern leben möchte, es ist das ganze Land, es sind die Menschen, deren Charakter und Sprache und Gebräuche ich nicht erst zu lernen und mitzumachen oder nachzuahmen brauche, unter denen ich mich wohlfühle, ohne mich darüber zu wundern, und so hoffe ich, daß ich auch in Berlin meine Existenz und das zum Leben Notwendige finden werde, und daß ich da, wo ich Sie und die Eltern und Geschwister und die Freunde habe, mich nicht weniger heimisch fühlen werde, als an all den andern deutschen Orten. Wenn die Leute mich einmal in Deutschland nirgend mehr haben wollen, dann bleibt mir die Fremde immer noch, wo es dem Fremden leichter wird, aber ich hoffe, ich werde es nicht brauchen. So kann ich Ihnen gar nicht sagen, wie herzlich ich mich aufs Wiedersehen freue.

Es ist mir lebhaft aufgefallen, wie in Deutschland die Musik und der Sinn für die Kunst verbreitet ist und sich immer mehr verbreitet, während man ihn anderswo (hier zum Beispiel) konzentriert. Daraus folgt zwar vielleicht, daß es bei uns nicht so schnell in die Höhe, aber auch nicht so schnell auf die Spitze getrieben wird, und daraus folgt, daß wir den andern Ländern Musiker schicken können und doch noch reich genug bleiben. Ich habe mir das alles ausgedacht, wenn ich hier so oft Politik hören und zuweilen auch sprechen mußte, und wenn die Leute, namentlich aber die Deutschen, auf Deutschland schalten oder es beklagten, daß es keinen Mittelpunkt, kein Oberhaupt, keine Konzentrierung habe, und wenn sie meinten, das werde alles gewiß bald kommen. Es wird wohl nicht kommen, und ich denke, es ist auch ganz gut so. Was aber kommen wird und muß, das ist das Ende unsrer allzugroßen Bescheidenheit, mit der wir alles für recht halten, was die andern uns bringen, unser Eigentum sogar erst achten, wenn's die andern geachtet haben, hoffentlich werden die Deutschen bald aufhören, auf die Deutschen zu schimpfen, daß sie nicht einig seien, und so die ersten Uneinigen zu sein, und hoffentlich werden sie einmal dies Zusammenhalten den andern nachmachen, was das Beste ist, das sie haben. Wenn sie das übrigens nicht bald tun, so gebe ich sie drum doch nicht auf, sondern komponiere weiter, so lange mir was einfällt. Aber das tut mir immer leid, wenn wir selbst nichts von dem wissen wollen, was wir voraus haben.«

Es war der letzte Brief seines Schülers, den Zelter noch lesen konnte, denn er starb am 15. Mai 1832 in Berlin, keine zwei Monage nach dem Tod seines engsten, liebsten Freundes: Goethe, den er mit den Worten kommentiert hatte: »Exzellenz hatten natürlich den Vortritt; aber ich folge bald nach.«

Da war sein Schüler Felix schon in London und berichtete aufgeräumt der Familie:

»Wie glücklich wieder diese ersten Wochen hier waren, kann ich euch nicht beschreiben; wenn von Zeit zu Zeit sich alles Schlimme häuft, wie den Winter in Paris, wo ich die liebsten Menschen verlieren mußte, mich nie heimisch fühlte, endlich sehr krank wurde, so kommt dann auch wieder einmal das Gegenteil, und so ist es hier im lieben Lande, wo ich meine Freunde wiederfinde, mich wohl und unter wohlwollenden Menschen weiß, und wo ich das Gefühl der zurückgekehrten Gesundheit im vollsten Maße genießen kann; dazu ist es warm, der Flieder blüht, und es gibt Musik zu machen, denkt euch mein Glück. Einen lustigen Morgen der letzten Woche muß ich euch doch beschreiben, weil es sich gerade so häufte. Es war von allen äußerlichen Anerkennungen, die ich bis jetzt gehabt habe, die, die mich am meisten gefreut und gerührt hat, und vielleicht die einzige, an die ich immer neu erfreut denken werde. Sonnabend Morgen war Probe des Philharmonic, in dem aber nichts von mir gegeben werden konnte, weil meine Ouvertüre noch nicht ausgeschrieben war; zum Frühstück kamen Rosen und Klingemann zu mir, wir leben so bequem und ruhig zusammen, als könne es niemals anders gewesen sein; eben als wir fortgehen wollten, kommt ein Brief von Immermann, der mich fragt, wohin er ein Paket an mich adressieren könne, meine Oper sei fertig, und er wolle sie mir schicken; den Brief steckte ich in die Tasche, ging die helle Regent Street herunter, traf am Eingang des Konzerts ein Paar wunderschöne junge Engländerinnen, die ich lieb habe, und die mich mit in ihre Loge nahmen, gleich fing die Pastoralsymphonie von Beethoven an, die auch lustig klang und sich neben den schönen Kindern bequem anhörte, ich las auch mittlerweile Immermanns Brief durch und dachte an Gegenwart und Zukunft, dann, nach der Symphonie, wollte ich in den Saal, um einige alte Freunde wieder zu begrüßen. Kaum komme ich aber unten hinein, so ruft einer aus dem Orchester: ›There is Mendelssohn‹, und darauf fangen sie alle dermaßen zu schreien und zu klatschen an, daß ich eine Weile nicht wußte, was ich anfangen sollte, und als es vorüber war, ruft ein andrer: ›Welcome to him‹, und darauf fangen sie wieder denselben Lärm an, und ich muß durch den Saal und aufs Orchester klettern und mich bedanken. Seht, das werde ich nicht vergessen, denn es war mir lieber als jede Auszeichnung, es zeigte, daß die Musiker mich lieb hatten und sich freuten, daß ich kam, und es war mir ein froheres Gefühl, als ich sagen kann.«

In London erlebte die Hebriden-Ouvertüre, nun endlich in der dritten Fassung vollendet, ihre erfolgreiche Uraufführung. Der Familie schrieb Felix, die Heimreise vor Augen, am 15. Juni:

»Also dies ist, so Gott will, das letzte Blatt, das von meiner großen Reise zu euch hingeht. Die Reisebriefe nehmen hiermit Abschied. Denn heut über 8 Tage schicke ich mich selbst aufs Dampfboot und denke Mittwoch statt des Briefs einzutreffen; da werden wir uns wiedersehen. Eigentlich bin ich zwar zehn Jahre älter geworden, sehr ernsthaft und gesetzt und äußerlich ruppig, aber das tut gar nichts, denn ich habe lieb, was ich lieb hatte, nur noch mehr, und hasse vielleicht stärker, was ich nicht leiden konnte, und freue mich meines Lebens. Vaters erster Brief schloß: Genieße Deine Jugend und Dein Glück; das habe ich von Herzen getan und werde es tun und danke es euch.«

Musikdirektor in Düsseldorf

Nach Zelters Tod war nun die Leitung der Berliner Singakademie vakant und wurde ausgeschrieben. Elf Bewerber meldeten sich, die Wahl reduzierte sich schließlich auf Karl Friedrich Rungenhagen und Felix Mendelssohn Bartholdy. Für Rungenhagen sprach eigentlich nur die Tatsache, daß der jetzt Vierundfünfzigjährige seit 1815 Vizedirektor der Singakademie und Stellvertreter Zelters gewesen war. Von seiner künstlerischen Bedeutung hatte man sonst nichts gehört. Gegen Felix sprach eigentlich nur eines: Er stammte aus jüdischer Familie. Die erfolgreiche Wiederaufführung der Matthäus-Passion, sein vielfach erwiesenes Talent als Komponist, Pianist und Dirigent, sein ganz außerordentliches Wissen scheint die Findungskommission weit weniger beeindruckt zu haben. Entsprechend fiel denn auch die Abstimmung aus: 148 Stimmen für Rungenhagen, 88 für Mendelssohn. Daß diese Niederlage auch als derber Denkzettel für die Familie Mendelssohn gedacht war, wurde von dieser auch so und nicht anders verstanden. Sie trat geschlossen aus der Singakademie aus, jener Institution, für die Abraham Mendelssohn kostbare Originalmanuskripte von Johann Sebastian und Carl Philipp Emanuel Bach erworben und dann der Singakademie zum Geschenk gemacht hatte. Daß im Intrigenwust die unappetitlichste Rolle die so intrigante wie raffgierige Doris Zelter spielte, sei hier nur am Rande vermerkt. Eduard Devrient schreibt:

»Die Singakademie war damit auf eine lange Reihe von Jahren zur Mittelmäßigkeit verdammt, nur gut, um einem neu erstehenden Gesangverein als Folie zu dienen. – Welchen Eindruck dieser Ausgang der Sache auf Felix machen würde, konnte ich mir sehr gut vorstellen. Ich war beschämt und suchte ihn erst am dritten Tage auf, bekannte mich allzuguten Glaubens schuldig und gestand zu, daß er ohne unsere Beeinflussung die Angelegenheit richtiger behandelt hätte. – Er hielt seine Mißstimmung möglichst zurück; aber ich fühlte, daß er sie lebenslang nicht überwinden würde.«

Felix Mendelssohn – der sehr wohl wußte, warum er Run-

Felix Mendelssohn Bartholdy, Bleistiftzeichnung von Eduard Bendemann, 1833. Unter das Bildnis hat der Dargestellte den Anfang des ersten seiner »Lieder ohne Worte« geschrieben.

genhagen unterlegen war – tat, was er konnte, um seiner Umgebung den Eindruck zu vermitteln, er habe die ihm letztlich doch unerwartete Niederlage ruhig und gelassen akzeptiert. Seinem Freunde, dem Prediger Albert Bauer in Belzig, schickte er am 4. März 1833 einen rechten Bekenntnis-Brief, der gelassenes Erkennen vermitteln möchte:

»Seit ich im Arbeiten bin, ist mir wieder so sehr wohl zumute, daß ich gern so viel als möglich drin bleibe und alle Zeit dazu brauche, die ich nicht bei den Meinigen bin. Man empfindet es doppelt dankbar, wenn solche Zeiten wie mein letztes halbes Jahr vorüber sind. Es schmeckt so wie das Ausgehen nach einer Krankheit, und am Ende ist's ja wirklich eine Krankheit und zwar die schlimmste: diese Ungewißheit, diese Zweifel und Unstetigkeit. Nun bin ich aber davon kuriert, und wenn Du an mich denkst, so denke Dir wieder einen lustigen Musikanten, der mancherlei macht, noch viel mehr machen *will* und alles machen *möchte*.

Ich will sterben, wenn ich so recht deutlich verstehe, was Du mit Deiner letzten Frage meinst und was ich darauf antworten soll. Die Allgemeinheit und alles, was ans Ästhetische streift, machen mich gleich ganz betrübt und stumm. – Wie Du empfinden sollst, soll ich sagen? Du willst das Zuviel des Empfindens vom wahren Geschmack unterscheiden, und eine Pflanze könne sich auch todblühen.

Aber es gibt kein Zuviel des Empfindens, und was man so nennt, ist immer eher ein Zuwenig. All das Schweben und Schaukeln der Empfindung, was die Leute so gern bei Musik haben, ist kein Zuviel; denn wer empfindet, der soll so viel empfinden, als er nur immer kann und dann womöglich noch mehr. Wenn er dann stirbt, so ist's nicht in Sünden, denn es gibt nichts Gewisseres als Empfundenes oder Geglaubtes oder was Du für ein Wort dafür brauchen willst. Auch blüht sich eine Pflanze nicht krank, außer wenn man sie treibt und übertreibt, und die Krankheit ist keine rechte Blüte mehr, wie Empfindelei keine Empfindung.

Herrn von W. kenn ich nicht und habe sein Buch nicht gelesen; aber: es ist ein schlimmes Ding mit Nicht-Künstlern, die den Geschmack läutern oder zurückführen wollen. – Worte können da nur verderben und Werke allein helfen. Denn wenn nun wirklich die Leute am Heutigen Widerwillen empfinden, so haben sie noch nichts anderes dafür, und da sollten sie's lieber gut sein lassen. – Palestrina hat reformiert als er lebte; heute wird er es nicht mehr, ebensowenig wie Johann Sebastian Bach oder Luther. – Die Menschen müssen kommen, die den Weg *weiter gehen;* die werden die anderen weiter führen oder zum Alten oder Rechten zurück (was man eigentlich vorwärts nennen sollte), aber keine Bücher darüber schreiben.«

In der Wintersaison 1832/33 bekamen die Berliner einige neue Mendelssohniana zu hören: »Meeresstille und glückliche Fahrt« op. 27, das Capriccio h-moll für Klavier und Orchester op. 22, das Klavierkonzert g-moll op. 25, das Capriccio fis-moll für Klavier op. 5 und die Uraufführung der »Ersten Walpurgisnacht«, die aber ihre endgültige Fassung erst zehn Jahre später erhalten sollte und dann als opus 60 gedruckt wurde. Übrigens erklangen diese Werke in drei Konzerten, deren Einnahmen dem »Orchesterwitwenfonds« der Singakademie bestimmt war. Denn Orchestermusiker wurden miserabel bezahlt, an ein Pensionsgeld war nicht zu denken, geschweige denn an die Versorgung ihrer Witwen.

Am 13. März 1833 vollendete Felix Mendelssohn seine

»Italienische Symphonie«, die ihre Premiere aber in London erlebte, wo man einen Mendelssohn mehr zu schätzen wußte als in der preußischen Hauptstadt. »Herrn Mendelssohns Symphonie«, so schrieb ein Londoner Musikkritiker, sei »eine Komposition, die viele Generationen überdauern wird, wenn wir uns erlauben dürfen, ein solches Werk nach einmaligem Hören zu beurteilen«, eine Prognose, die sich bekanntlich erfüllt hat; die »Italienische Symphonie« ist heute eines der populärsten Werke des Komponisten; dieser aber, überkritisch, fand sie einer Veröffentlichung nicht für wert.

Aber auch in Deutschland fehlte es nicht an Bewunderern: Die Stadt Düsseldorf bot ihm die Leitung des Niederrheinischen Musikfestes an. Und kaum hatte Mendelssohn zugesagt, da wollten ihn die Düsseldorfer auch als Städtischen Musikdirektor haben. Mendelssohn unterschrieb den Vertrag am 30. Mai 1833 und trat damit seine erste Stellung an. Daß es künftig keinerlei Schlendrian mehr geben würde, machte der junge Mann den Orchestermusikern bei einer Probe recht drastisch deutlich:

»Eben komme ich aus der ›Egmont‹-Probe, wo ich zum ersten Male in meinem Leben eine Partitur entzweigeschlagen habe, vor Ärger über die dummen Musici, die ich mit dem Sechsachteltakt förmlich füttere und die doch immer noch mehr Lutschbeutel brauchen. – Dazu prügeln sie sich gern im Orchester. – Das dürfen sie nun aber bei mir nicht, und so muß zuweilen eine furiose Szene aufgeführt werden. – Beim ›Glücklich allein ist die Seele, die liebt‹ habe ich also zum ersten Male eine Partitur entzweigeschlagen, und darauf spielten sie gleich mit mehr Ausdruck. – Morgen ist wieder Probe – abends Ball beim Prinzen, der bis 4 Uhr dauern wird und wo ich mich wohl drücken könnte, wenn mir nur das Tanzen nicht gar zu viel Spaß machte.«

Zu seinen Aufgaben gehörte auch die Intendanz des Theaters, die er sich mit dem um dreizehn Jahre älteren Karl Immermann zu teilen hatte, was schon bald zu Spannungen zwischen dem Komponisten und dem Dichter führte, der noch vor kurzem für Mendelssohn ein Opernlibretto geschrieben hatte, das aber bei dem gerade in diesem Punkt besonders anspruchsvollen Mendelssohn keine Gnade fand:

»Du wünschest mir am Ende Deines Briefes viel Geduld zum Theaterwesen; aber die hatte ich schon vierzehn Tage, ehe ich ihn bekam, verloren. Die Sache war nicht, wie sie mir gefiel und gefallen konnte: Meine ganze Zeit vom Aufstehen bis zum Abend war mit Düsseldorfer Theater eingenommen, weil Immermann durchaus nichts mit der Musik zu tun haben kann und doch alles selbst entscheiden und bestimmen mußte, als Intendant. Ferner sollte eine gewisse Rivalität zwischen Oper und Schauspiel eintreten, und ich sollte die Oper repräsentieren – kurz, eines schönen Morgens erinnerte ich mich, daß ich in Düsseldorf sei, um ein paar Jahre zu arbeiten und stieg wie Karl V. von meinem Thron.

Ein Intendant werde ich nicht wieder und will zeitlebens an die paar Wochen denken. Pfui Teufel! Sich mit den Menschen herumzanken wegen zwei Taler; gegen die Guten streng und gegen die Schlechten nachsichtig sein; vornehme Gesichter machen, damit sie den Respekt nicht verlieren, den sie gar nicht haben; ärgerlich tun, ohne sich zu ärgern – das sind lauter Sachen, die ich nicht kann und nicht können mag.

Und hab ich's mal mit Müh und Not so weit gebracht,

und nun soll Musik gemacht werden, so bin ich müde und matt, ehe die Probe anfängt, von allem Repräsentieren und ist doch gar nichts geschehen. Und komm ich nachher nach Hause und denke, daß ich auch mal habe was komponieren wollen, so ist mir, als wäre das ein anderer gewesen und komme mir selbst lächerlich vor mit meiner Würde.«

Die Niederlegung der Opernintendanz führte zu einer schweren Verstimmung mit Karl Immermann (»schnöder Treubruch« nannte es der Dichter), aber auch Vater Abraham sparte nicht mit bitteren Vorwürfen, da er den Schritt seines Sohnes für gänzlich falsch hielt, aber es war nun einmal geschehen.

Felix sorgte für Aufführungen alter geistlicher Musik, er ließ Oratorien Händels geben, aber auch neuere Musik, etwa die Klavierkonzerte Beethovens, Chöre von Carl Maria von Weber oder Luigi Cherubinis Requiem in c-moll. Daneben arbeitete er an eigenen Kompositionen, so am Oratorium »Paulus«, an der Konzertouvertüre »Das Märchen von der schönen Melusine«, an den »Liedern ohne Worte«. Wichtig wurde ihm die Bekanntschaft mit dem um ein Jahr jüngeren Frédéric Chopin, den er im Frühjahr 1834 kennenlernte und mehrfach traf. Die Gespräche mit Chopin schienen ihm Lichtblicke in der niederrheinischen Provinz, deren Beschränktheit er zu spüren bekam. »Man ist hier von fatalen Exemplaren umgeben«, schrieb er am 15. Juli 1834 an Julius Schubring in Dessau, »Predigern, die jede Freude sich und andern versalzen, trockenen prosaischen Hofmeistern, die ein Konzert für Sünde, einen Spaziergang für zerstreuend und verderblich, ein Theater aber für den Schwefelpfuhl und den ganzen Frühling mit Baumblüten und schönem Wetter für ein Moderloch ausgeben.«

Kapellmeister in Leipzig

Im Januar 1835 erreichte Felix Mendelssohn das Angebot, die Leitung der Leipziger Gewandhauskonzerte zu übernehmen, und am 1. September trat er die neue Stelle an. Am 4. Oktober dirigierte er das erste Gewandhauskonzert. Die Leipziger bekamen zunächst einmal als Visitenkarte ihres neuen Dirigenten die Konzertouvertüre »Meeresstille und glückliche Fahrt« zu hören, deren Attraktivität Mendelssohn sich sicher sein durfte, als publikumswirksam erprobt in vielen Konzerten, dann Werke von Louis Spohr, Carl Maria von Weber, Cherubini und zum Abschluß Beethovens 4. Symphonie. Das wirkte wie eine Programmerklärung; nicht mehr jene musikalischen Belanglosigkeiten eines Friedrich Wilhelm Kalkbrenner oder Henri Herz, wie sie in München Mode waren, vielmehr ernsthafte Musik sollte künftig die Konzerte bestimmen. Das Publikum ging willig mit und gewöhnte sich an Mendelssohns Neuerungen. So dirigierte, was schon die Engländer verwundert hatte, der Sechsundzwanzigjährige mit einem Dirigentenstab und mit der Orchesterpartitur vom Dirigentenpult aus. Einer seiner Schüler erinnerte sich später:

»Mendelssohns feuriges Auge übersah und beherrschte das ganze Orchester. Umgekehrt hingen aber auch aller Blicke an der Spitze seines Dirigentenstabes. Daher vermochte er mit souveräner Freiheit die Massen in jedem Augenblick nach seinem Willen zu leiten. Wenn er sich bei den Aufführungen mitunter kleine Abweichungen im Tempo durch improvisierte Ritardandos oder Accelerandos gestattete, so gelangen dieselben in einer Weise, daß man hätte glauben können, die wären in der Probe eingeübt worden.«

Das Gewandhaus in Leipzig. Aquarell von Felix Mendelssohn Bartholdy vom 23. Februar 1836 mit handschriftlicher Widmung an die Sängerin Henriette Grabau (1805–1852). Sie wirkte in seinen Konzerten mit und unterrichtete Solo- und Chorgesang an dem von Mendelssohn geleiteten Konservatorium in Leipzig.

Das Leipziger Publikum zeigte sich begeistert, das Orchester stand geschlossen hinter seinem jungen Dirigenten. Freund Moscheles kam und spielte gemeinsam in einem von ihm komponierten Doppelkonzert mit Felix, und wenige Tage später traf Frédéric Chopin in Leipzig ein.

»Vor einigen Tagen war Chopin da. Er wollte nur einen Tag bleiben, und so waren wir diesen auch ganz zusammen und machten Musik«, berichtete Felix am 6. Oktober 1835 der Familie in Berlin. »Mich hat sein Spiel wieder von neuem entzückt. Es ist darin etwas Grundeigentümliches und zugleich so sehr Meisterliches, daß man ihn einen recht vollkommenen Virtuosen nennen kann. Und da mir alle Art von Vollkommenheit lieb und erfreulich ist, so war mir dieser Tag ein höchst angenehmer. – Es war mir lieb, mal wieder mit einem ordentlichen Musiker zu sein; nicht mit solchen halben Virtuosen und halben Klassikern, die gern les honneurs de la vertu et les plaisirs du vice in der Musik vereinen möchten, sondern mit einem, der seine vollkommen ausgeprägte Richtung hat. Und wenn sie auch noch so himmelweit von der meinigen verschieden sein mag, so kann ich mich prächtig damit vertragen – nur mit jenen halben Leuten nicht. – Der Abend des Sonntags war wirklich kurios, wo ich ihm mein Oratorium vorspielen mußte, während neugierige Leipziger sich verstohlen hereindrückten, um Chopin gesehen zu haben, und wie er zwischen dem ersten und zweiten Teile seine neuen Etüden und ein neues Konzert den erstaunten Leipzigern vorraste, und ich dann wieder in meinem ›Paulus‹ fortfuhr, als ob ein Irokese und ein Kaffer zusammenkämen und konversierten . . . – So lebten wir lustig miteinander, und er versprach in allem Ernste, im Laufe des Winters wiederzukommen, wenn ich eine neue

Symphonie komponieren und ihm zu Ehren aufführen wollte. Wir beschworen es beide vor drei Zeugen und wollen nun einmal sehen, ob wir beide Wort halten werden.«

Gerade hatte sich die Arbeit in Leipzig zu aller Zufriedenheit so gut angelassen, da erhielt Felix eine Nachricht, die ihn schwer traf: Sein Vater war plötzlich am 19. November 1835 einem Gehirnschlag erlegen, erst 59 Jahre alt.

Nichts hatte auf den nahen Tod hingedeutet. Am Morgen seines Todestages hatte sich Abraham unwohl gefühlt und war im Bett geblieben. Der herbeigerufene Arzt hatte nichts Besorgniserregendes feststellen können und ging um 10 Uhr. Abraham sagte, er wolle noch ein wenig schlafen und drehte sich zur Seite. Eine halbe Stunde später war er tot, sanft hinübergegangen, ohne den geringsten Todeskampf und ohne Schmerzen. Nicht einmal die anwesenden Familienmitglieder hatten den Augenblick seines Todes bemerkt.

»Es war sein Wunsch gewesen, in dieser Weise zu sterben, und er war ihm gewährt«, schrieb der Enkel Sebastian Hensel. Abrahams Sterben glich ganz dem Ende seines Vaters, und wie dieser war auch er einer Gehirnblutung erlegen. »So schön, so unverändert ruhig war sein Gesicht, daß wir nicht nur ohne Scheu, sondern mit einem wahren Gefühl der Erhebung bei der geliebten Leiche verweilen konnten«, schrieb Fanny. »Der ganze Ausdruck so ruhig, die Stirn so rein und schön, die Hände so mild; es war das Ende des Gerechten, ein schönes beneidenswertes Ende, und ich bitte Gott um ein gleiches und will mich mein ganzes Leben lang bemühen, es zu verdienen, wie er es verdiente. Es war das versöhnendste, schönste Bild des Todes.«

Was Felix empfand, hat er drei Wochen später seinem Freund Julius Schubring anvertraut:

»Es ist das größte Unglück, was mir widerfahren konnte, und eine Prüfung, die ich nur entweder bestehen oder daran erliegen muß. Ich sage mir dies jetzt nach drei Wochen, ohne jenen scharfen Schmerz der ersten Tage, aber ich fühle es desto sicherer: es muß für mich ein neues Leben anfangen oder alles aufhören – das alte ist nun abgeschnitten. (...) Ich weiß nicht, ob Du wußtest, wie seit einigen Jahren mein Vater gegen mich so gütig, so wie ein Freund war, daß meine ganze Seele an ihm hing und ich während meiner langen Abwesenheit fast keine Stunde lebte, ohne seiner zu gedenken. Aber da Du ihn in seinem Hause mit uns allen und in seiner ganzen Liebenswürdigkeit gekannt hast, so wirst Du Dir denken können, wie mir jetzt zumute ist. – Das einzige bleibt da, die Pflicht zu tun, und dahin suche ich mich zu bringen, mit allen meinen Kräften; denn er würde es so verlangen, wenn er noch gegenwärtig wäre, und ich will nicht aufhören, so wie sonst nach seiner Zufriedenheit zu streben, wenn ich sie auch nicht mehr genießen kann.«

Sich nicht sorglos seinen reichen Gaben zu überlassen, sondern gerade deshalb streng zu sein gegen sich und seine Kunst, das hatte ihn der Vater gelehrt. Auch wenn er die Genialität seines Sohnes nicht so erfaßte und auch nicht so erfassen konnte wie wir heute, so war er sich doch seines überdurchschnittlichen Talents bewußt, und das hat er gefördert, so gut er's verstand und vermochte, zuerst als Vater, der stets besorgt sein mußte um das, was man eine solide Zukunft nennt, später als ein älterer Freund, der zu raten wußte nach seiner Lebensklugheit. Felix hat ihn bis zum eigenen Tod schmerzlich entbehrt. Der Verstorbene wurde Maßstab seines Schaffens, weit strenger, als er es zu Lebzeiten gewesen war.

Am 20. März 1836 verlieh die Philosophische Fakultät der Universität Leipzig dem siebenundzwanzigjährigen Komponisten Felix Mendelssohn Bartholdy die Ehrendoktorwürde. »Sie ist ein ehrenvoller Beweis des Vertrauens, gleich wichtig und erfreulich für meine Vergangenheit, wie für meine Zukunft, und ich weiß nicht, wie ich für diesen Beweis des Vertrauens und für diese unverdiente Ehre meinen Dank genug aussprechen könnte«, schrieb der Geehrte an den Rektor.

Nach Düsseldorf kehrte er noch einmal zurück, um dort im Mai 1836 sein erstes Oratorium – »Paulus« – uraufzuführen. Das Werk wurde beifällig aufgenommen; einzig der Komponist selbst war unzufrieden und meinte, bei einem zweiten Oratorium würde er es besser machen. Karl Immermann, der den »schnöden Treubruch« noch nicht verwunden hatte, notierte damals in sein Tagebuch: »Mich verstimmte die Nähe Mendelssohns, den ich einmal auf der Straße sah und sehr gealtert und ins Jüdische verhäßlicht fand.«

Nach der Premiere fuhr Felix für einige Wochen nach Frankfurt am Main. Hier lernte er die neunzehnjährige Cécile Jeanrenaud kennen, Tochter eines Predigers der französisch-reformierten Gemeinde. Er verliebte sich Hals über Kopf in das junge Mädchen und schrieb am 24. Juli 1836 an seine Schwester Rebecka, von der Familie zärtlich »Beckchen« genannt: »Übermorgen soll ich von Frankfurt abreisen, mir ist aber, als koste das den Hals. Ich will in jedem Fall vor Leipzig wieder hier sein, um dies gar zu nette Mädchen noch einmal zu sehen. Aber ob sie sich etwas aus mir macht, das weiß ich eben gar nicht, und was ich anfangen soll, wie gesagt, auch nicht. – Das ist aber gewiß, daß ich die ersten recht frohen Stunden dieses Jahres ihr verdanke, und daß mir zuerst wieder ein wenig freier zumut geworden ist als bisher. – Und dabei bin ich sehr betrübt, wenn ich nicht dort sein kann. Siehst Du, da hast Du ein Geheimnis, wovon Du keinem Menschen was sagen darfst! Aber damit Du der Welt das wahre Beispiel gibst, daß Du auch schweigen kannst, so sage ich Dir auch weiter gar nichts. Und willst Du mehr wissen, so schreibe mir nach dem Haag poste restante; denn übermorgen reise ich nach dem verwünschten Seebad. O Beckchen! Was soll ich anfangen?«

Die Sorge, »ob sie sich etwas aus mir macht«, blieb gegenstandslos, denn seine Liebe wurde von Cécile erwidert, und überglücklich ließ er am 9. September seine Mutter wissen: »In diesem Augenblick, wo ich wieder in mein Zimmer trete, kann ich nichts andres tun, als an Dich schreiben, daß ich mich jetzt eben mit Cécile Jeanrenaud verlobt habe. Mir schwindelt der Kopf von dem, was ich an diesem Tage erlebt habe. Es ist schon tief in der Nacht, ich weiß weiter nichts zu sagen, aber ich mußte noch an Dich schreiben. – Wie ist mir so reich und glücklich! – Morgen, wenn es irgend sein kann, schreibe ich Dir ausführlich und womöglich auch meine liebe Braut.«

Am 28. März 1837 fand in Frankfurt am Main die Heirat statt. Die Schriftstellerin Elise Polko erinnerte sich später: »Leipzig nahm den innigsten Anteil an dem Glück seines Lieblings. – Als im Gewandhauskonzert nach dem Schlußchor des ›Fidelio‹-Finales ›Wer ein holdes Weib errungen ...‹ lauter Jubel ausbrach, da setzte sich Mendelssohn, überwältigt von dem ergreifenden Moment und seinen eigenen Empfindungen, an den Flügel und fantasierte zum erstenmal vor dem großen Publikum. Er nahm das Thema

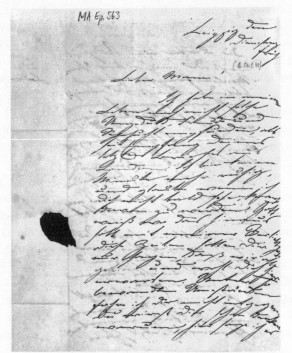

Am 28. März 1837 heiratete Felix Mendelssohn Bartholdy in
Frankfurt a. M. Cécile Jeanrenaud. Hier ein Brief von Cécile an
Felix vom 6. Oktober 1840: »Lieber Mann! Ich habe in meinem
Leben noch nicht solche Ungeduld, Freude und Sehnsucht empfun-
den, als seit Empfang Deines letzten Briefes . . .«

Cécile Jeanrenaud, gemalt von Eduard Magnus, 1846.

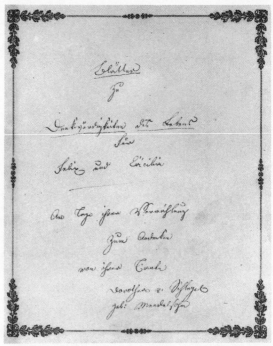

»Blätter zu Denkwürdigkeiten des Lebens für Felix und Cäcilia. Am Tage ihrer Vermählung zum Andenken von ihrer Tante Dorothea v. Schlegel geb. Mendelssohn.« Ein sog. immerwährender Kalender für den täglichen Hausgebrauch.

wieder auf und variierte es so reich, wechselnd und wunderbar, daß alle Hörer sich aufs tiefste ergriffen fühlten.«

Eduard Devrient charakterisierte Cécile Mendelssohn mit diesen Sätzen: »Cécile war eine jener süßen weiblichen Erscheinungen, deren stiller und kindlicher Sinn, deren bloße Nähe auf jeden Mann wohltuend und beruhigend wirken mußte: Eine schlanke Gestalt, die Gesichtszüge von auffallender Schönheit und Feinheit, bei dunkelblondem Haar und großen blauen Augen von jenem verklärten, zauberischen Glanze, der – ebenso wie die Rosenröte ihrer Wangen – sie als ein frühes Opfer des Todes kennzeichnete. – Sie sprang wenig und niemals lebhaft, mit einer leisen, sanften Stimme. Shakespeares Wort ›Mein lieblich Schweigen‹ bezeichnete sie ebenso treffend als Coriolans Weib. – Alle Freunde Felix' durften von dieser Wahl Beruhigung seiner Reizbarkeit, behagliche Arbeitsstille seines häuslichen Lebens hoffen.«

Aber Felix Mendelssohn hätte ein ganz anderer sein müssen, wenn ein Wort wie »behagliche Arbeitsstille« für ihn zutreffend gewesen wäre. Tatsächlich war er sein Leben lang – und daran änderte seine Ehe überhaupt nichts – ein passionierter Arbeiter mit einem beeindruckenden Tagespensum. Anders wäre die Fülle der Kompositionen in diesem kurzen Leben nicht zu schaffen gewesen, und es blieb ja nicht allein bei den Kompositionen. Der ihm befreundete Musiker Ferdinand Hiller erzählt: »Am meisten Zeit kostete ihn eigentlich seine Korrespondenz. Er muß fabelhaft viele Briefe geschrieben haben. Er hatte seine Freude daran, von so vielen Seiten in Anspruch genommen zu werden, und klagte nie hierüber. – Wie er alles aufs sorgsamste, bis ins Kleinste hinein, zu vollenden trachtete, so auch hier. Ich hatte jedesmal meine Freude daran, wenn ich ihn einen Brief auf das genaueste falten und mit Behagen versiegeln sah. Durfte er doch auch stets überzeugt sein, Freude damit zu spenden.«

Das Amt des Kapellmeisters versah Mendelssohn nicht nur gewissenhaft, ihm lag auch die soziale Sicherung seiner Musiker, die wahrhaft erbärmlich war, am Herzen: »Wenn Du sähest, wie häßlich sie's in Deutschland jetzt mit den Monumenten treiben! Sie spekulieren auf die großen Männer, um sich von ihrem Namen einen Namen zu machen, posaunen in den Zeitungen und machen schlechte Musik mit den wirklichen Posaunen«, schrieb er am 30. November 1839 an Ignaz Moscheles. »Wenn sie in Halle für Händel, in Frankfurt für Mozart, in Bonn für Beethoven ein ordentliches Orchester bilden wollten, die die Werke ordentlich spielen und verstehen können, da bin ich dabei – aber nicht bei ihren Steinen, wo die Orchester noch ärgere Steine sind, und nicht bei ihren Konservatorien, wo nichts zu konservieren ist. – Mein Steckenpferd ist jetzt unser armes Orchester und seine Verbesserung. Jetzt habe ich ihnen, mit unsäglicher Lauferei, Schreiberei und Quälerei eine Zulage von 500 Talern ausgewirkt, und ehe ich von hier weggehe, müssen sie mehr als das Doppelte haben. Wenn das die Stadt tut, so kann sie auch Sebastian Bach ein Monument vor die Thomasschule setzen. – Aber erst die Zulage!«

Mendelssohn war so produktiv wie stets. Es entstanden die »Sechs Präludien und Fugen« für Klavier op. 35 (1831/37), die »Drei Präludien und Fugen für Orgel« op. 37 (1834/37), das zweite Klavierkonzert d-moll op. 40 (1837), der 42. Psalm für Chor, Soli, Orchester und Orgel op. 42 (1837/38), die drei Streichquartette op. 44 (1837/38), die Sonate für

Violoncello und Klavier B-dur op. 45 (1838), das Trio für Klavier, Violine und Violoncello d-moll op. 49 (1839). Am 15. Februar 1838 begann er mit der Reihe der »Historischen Konzerte«, in denen er das Leipziger Publikum ausführlich mit den Werken Bachs und Händels bekanntmachte, aber darin auch Haydn, Mozart und Beethoven aufführte. Unter seiner Stabführung erklang erstmals Franz Schuberts große Symphonie in C-dur, die Robert Schumann entdeckt hatte.

Mendelssohn und Schumann hatten sich in Leipzig kennengelernt und trafen sich fast täglich. Schumann – bei allem kritischen Blick – verehrte den um ein Jahr Älteren als »ersten Musiker der Gegenwart«, als den »eminentesten Menschen, der mir bisher vorgekommen«, ja als »Mozart des neunzehnten Jahrhunderts, der hellste Musiker, der die Widersprüche der Zeit am klarsten durchschaut und zuerst versöhnt«. Mendelssohn dirigierte die Uraufführung von Schumanns 1. Symphonie am 23. März 1841 in Leipzig.

Franz Schuberts größtes symphonisches Werk hatte Schumann unter vielen anderen unpublizierten Manuskripten im Besitz von Schuberts Bruder entdeckt. Diese Symphonie, deren überragende Bedeutung Schumann später in einem großen Aufsatz würdigte, erklang am 21. März 1839 in Leipzig zum ersten Mal; unter den Zuhörern befand sich der neunjährige Hans von Bülow, damals gerade Klavierschüler von Friedrich Wieck. Er schrieb später: »Ich erinnere mich des nie wieder so mächtig mir zuteil gewordenen Eindrucks, den ich von der Schubertschen C-dur-Symphonie unter Mendelssohns Leitung empfing. Damals war es noch nicht Mode, Schubert in den höchsten Olymp einzulogieren; man liebte, bewunderte, goutierte ihn als einen minorum gentium, lamentierte jedoch über die Breitspurigkeit seiner Formen, über die Eintönigkeit seiner Rhythmen. Aber unter Mendelssohns Taktierstab ward man sich dieser Mängel nicht bewußt. Der geniale Führer verstand es, ohne Rotstift, lediglich mit Hilfe seiner elastischen Feinfühligkeit und der magnetischen Eloquenz seiner Zeichensprache, die genannten Mängel vollständig zu verhüllen. Welche wunderbaren Koloritnuancen, welche geistreichen Bewegungsschattierungen wendete er nur an, wie ermöglichte er's nur, über die diversen Steppen des ›endlosen‹ Allegretto hinwegzugleiten, daß der Zuhörer am Schlusse von der Zeitdauer der akustischen Erscheinungen keine Ahnung hatte? Man hatte eben in ewigen Räumen, in einer zeitlosen Welt geweilt.«

Bachs Matthäuspassion, von Felix Mendelssohn 1829 hundert Jahre nach ihrer ersten Aufführung in der Leipziger Thomaskirche zu neuem Leben erweckt (nach Berlin hatten auch Frankfurt a. M., Breslau, Stettin, Königsberg, Kassel und Dresden das Stück aufgeführt), brachte er zurück an den Ort seiner Uraufführung: Am 4. April 1841 erklang die Matthäuspassion erstmals wieder in der Thomaskirche. Auch setzte er sich dafür ein, Johann Sebastian Bach mit einem Monument vor der Thomaskirche zu ehren.

»Am Donnerstag habe ich hier in der Thomaskirche ein Orgelkonzert gegeben, von dessen Ertrag der alte Sebastian Bach einen Denkstein hier vor der Thomasschule bekommen soll«, schrieb Felix am 10. August 1840 an die Mutter. »Ich gab's solissimo und spielte neun Stücke und zum Schluß eine freie Fantasie. Das war das ganze Programm. – Obwohl ich ziemlich bedeutende Kosten hatte, sind mir doch über 300 Taler rein übriggeblieben ... Ich habe mich aber auch acht Tage lang vorher geübt, daß ich kaum mehr

auf meinen Füßen gerade stehen konnte und nichts als Or-
gel-Passagen auf der Straße ging.«

Johann Christian Lobe, der den jungen Felix Mendelssohn schon 1822 im Hause Goethes kennengelernt hatte,
traf den nun Einunddreißigjährigen 1840 in Weimar wieder
und erinnerte sich später an diese Begegnung: »Wenigen
dürfte es bekannt geworden sein, daß der kräftige, gesunde,
überaus lebhafte, immer heitere, in allen Beziehungen
glückliche und sein Glück erkennende Mendelssohn zuweilen von Ahnungen eines frühen Todes befallen wurde. – Als
er seinen ›Paulus‹ in der Weimarischen Stadtkirche aufführte, saßen wir nach einer Probe desselben beide allein auf
seinem Zimmer im ›Erbprinz‹, und ich – damals ein arger
Hypochonder – bemerkte, daß ich von seinen späteren
Schöpfungen wenig genießen würde. Da erwiderte er: ›Oh,
mein Lieber, Sie werden mich lange überleben!‹ – Ich wollte
über seine Äußerung scherzen, er aber fiel mir mit der ganz
bestimmten Versicherung ins Wort: ›Ich werde nicht alt!‹ –
Dann aber, als bereue er diese Äußerung, nahmen seine
Züge den heitersten Ausdruck an: er ging zur Besprechung
der eben beendeten Probe über, wobei er vorzüglich die
Freundlichkeit und Willigkeit hervorhob, mit der ihm alle
Mitwirkenden entgegengekommen wären.«

Im Juli 1841, nach einem Besuch in Berlin, ging ein aus-
führlicher Brief an Carl Klingemann, in dem Mendelssohn
einen Vergleich zwischen Berlin und Leipzig anstellte: »In
Hinsicht des Vergleichs der beiden Städte Leipzig und Berlin besteht ein kurioses Mißverständnis: Du glaubst, und
dasselbe haben mir mehrere Hiesige und Auswärtige gesagt,
hier in Leipzig sei die Bequemlichkeit, das Hausvaterleben,
die Abgeschlossenheit; in Berlin das öffentliche Wirken in

Das von Felix Mendelssohn Bartholdy gestiftete und am
23. April 1843 enthüllte Denkmal für Johann Sebastian
Bach vor der Thomaskirche in Leipzig. Entwurf von Eduard Bendemann und Julius Hübner, ausgeführt von Immanuel August Hermann Knaur und dem Leipziger Stein-
metz Hiller. »Nachdem das Konzert im Gewandhause
beendigt ist, also gegen 1/2 1, dachte ich mit einem Teile des
Sängerchores und des Orchesters auf dem Platz des Denk-
mals noch eine kurze Feierlichkeit zur Übergabe desselben
an die Stadt zu begehen«, schrieb Mendelssohn an den Leipziger Regierungsrat Heinrich Dörrien.

*Blick aus Mendelssohns Leipziger Wohnung in Lurgensteins Garten auf die
Thomaskirche und das von ihm gestiftete Bach-Denkmal. Zeichnung von
Felix Mendelssohn Bartholdy 1843. Diese Wohnung bezogen Felix und Cé-
cile am 1. Oktober 1837 und wohnten hier bis zu ihrer Übersiedlung nach
Berlin am 23. November 1843.*

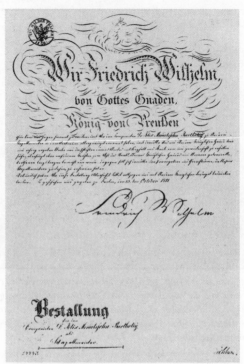

Die am 13. Oktober 1841 von König Friedrich Wilhelm IV. von Preußen unterzeichnete Ernennungsurkunde: Felix Mendelssohn Bartholdy wird Königlich Preußischer Kapellmeister.

und für Deutschland, die Tätigkeit für andere und so weiter. – Es ist wahrhaftig gerade umgekehrt: Eben weil ich so ungern schon jetzt eine Sinekure mir aufhängen ließe, eben weil mir jenes öffentliche Wirken nach und nach lieb geworden ist, eben weil an dergleichen in Berlin nicht zu denken ist – deshalb gehe ich ungern dahin. – Dort sind alle Bestrebungen Privatbestrebungen, ohne Widerhall im Lande, und den haben sie hier, so klein das Nest auch ist. – Wegen des Ruhiglebens habe ich mich nicht hierher nach Leipzig gesetzt; im Gegenteil empfand ich das Bedürfnis danach, weil es mir gar zu arg und bunt hier wurde. Dafür habe ich manches erreicht und gelernt, was sich nur so erreichen und lernen ließ, und bin nicht faul dabei gewesen; habe auch, glaube ich, in Deutschland bei meinen Landsleuten besseren Fuß gefaßt und mehr Zutrauen gewonnen, als ich vielleicht mein Leben lang in Berlin getan hätte, und das ist doch auch etwas wert! – Daß ich nun also ein Privatleben wieder anfangen, aber dabei etwa ein Konservatoriumsschulmeister werden soll, dazu kann ich mich nach meinem guten, frischen Orchester nicht verstehen. Ich könnte es allenfalls, wenn es eben ein reines Privatleben sein sollte; da würde bloß komponiert und in Stille gelebt. Aber da kommt ja schon wieder das Berlinische Zwitterwesen: die großen Pläne, die winzige Ausführung; die vollkommene Kritik, die mittelmäßigen Musikanten; die liberalen Ideen, die Hofbediensteten auf der Straße; das Museum und die Akademie, und der Sand! – Ich zweifle, daß länger als das eine Jahr dort meines Bleibens sein wird. Indes werde ich natürlich alles tun, um dies eine Jahr weder für mich noch für die anderen ungenützt vergehen zu lassen. Einsamkeit wird es auch dort in der Zeit nicht geben; ich muß mich eben herumtummeln und dabei hinschreiben, was ich hinschreiben kann, kommen auch ein paar frühere Melodien dabei ins Hintertreffen. Es sind doch auch dafür mancherlei andere seitdem zum Vorschein gekommen, denke ich. – Du siehst, ich verteidige mich grimmig mit Klauen und Zähnen. Aber daß Berlin für die jetzige Zeit das minder ergreifende und Leipzig das mehr öffentliche Wirken ist, das glaube mir!«

Am 13. Oktober 1841, genau drei Monate nach diesem Brief, wurde Felix Mendelssohn Bartholdy von König Friedrich Wilhelm IV. von Preußen zum Königlichen Preußischen Kapellmeister ernannt.

Fanny

Am 17. Februar 1835 schrieb Fanny an Felix in Düsseldorf: »Ich habe nachgedacht, wie ich eigentlich gar nicht exzentrische oder hypersentimentale Person zu der weichlichen Schreibart komme? Ich glaube, es kommt daher, daß wir gerade mit Beethovens letzter Zeit jung waren und dessen Art und Weise, wie billig, sehr in uns aufgenommen haben, und die ist doch gar zu rührend und eindringlich. Du hast das durchgelebt und durchgeschrieben, und ich bin drin steckengeblieben, aber ohne die Kraft, durch die Weichheit allein bestehn kann und soll. Daher glaube ich auch, hast Du nicht den rechten Punkt über mich getroffen oder ausgesprochen. Es ist nicht sowohl die Schreibart, an der es fehlt, als ein gewisses Lebensprinzip, und diesem Mangel zufolge sterben meine längern Sachen in ihrer Jugend an Altersschwäche, es fehlt mir die Kraft, die Gedanken gehörig festzuhalten, ihnen die nötige Konsistenz zu geben. Daher gelin-

Fanny Mendelssohn, gezeichnet von Wilhelm Hensel. Die ältere Schwester von Felix war eine hochbegabte Komponistin, deren Schaffen bis heute noch längst nicht erschlossen und ediert worden ist. Das wenige, das bisher von ihrem Werk bekanntgeworden ist, beweist eine außerordentliche Begabung als Komponistin von Liedern, Klavier- und Kammermusikwerken bis hin zu Orchesterstücken in großer Besetzung.

Abraham Mendelssohn Bartholdy, der Vater, sah die künstlerischen Aktivitäten seiner Tochter nur sehr ungern, denn er fürchtete, sie könnte darüber ihre »wahre Bestimmung« als Hausfrau und Mutter vernachlässigen. Hensel hat ihn beim Kartenspiel dargestellt.

Wilhelm Hensel hat seine Frau Fanny wieder und wieder portraitiert, wir zeigen hier drei seiner Zeichnungen.

Fanny Hensel

Fanny Hensel

gen mir am besten Lieder, wozu nur allenfalls ein hübscher Einfall ohne viele Kraft der Durchführung gehört.«

Die am 14. November 1805 in Hamburg geborene Fanny Cäcilia Mendelssohn Bartholdy ist vielleicht das begabteste der vier Mendelssohn-Kinder gewesen und hätte vielleicht auch eine bedeutende Stellung in der deutschen Musik des 19. Jahrhunderts einnehmen können – aber sie war eben eine Frau. Wo sie ihre Grenze zu ziehen habe, hatte Vater Abraham seiner fünfzehnjährigen Tochter in einem ausführlichen, Bilanz ziehenden Brief zu ihrer Einsegnung geschrieben:

»Was Du mir über Dein musikalisches Treiben im Verhältnis zu Felix in einem Deiner früheren Briefe geschrieben, war eben so wohl gedacht als ausgedrückt. Die Musik wird für ihn vielleicht Beruf, während sie für Dich stets nur Zierde, niemals Grundbaß Deines Seins und Tuns werden kann und soll; ihm ist daher Ehrgeiz, Begierde, sich geltend zu machen in einer Angelegenheit, die ihm sehr wichtig vorkommt, weil er sich dazu berufen fühlt, eher nachzusehn, während es Dich nicht weniger ehrt, daß Du von jeher Dich in diesen Fällen gutmütig und vernünftig bezeugt und durch Deine Freude an dem Beifall, den er sich erworben, bewiesen hast, daß Du ihn Dir an seiner Stelle auch würdest verdienen können. Beharre in dieser Gesinnung und diesem Betragen, sie sind weiblich, und nur das Weibliche ziert die Frauen.«

Was Abraham Mendelssohn hier aussprach, hätten auch Hunderttausende anderer Väter unterschrieben, nicht minder die Ehemänner und Brüder. Es hat nur sehr selten Väter gegeben, die bereit waren, die Talente ihrer Töchter zu fördern, ohne dabei an ihrem Geschlecht Anstoß zu nehmen.

Wir müssen aber auch um der historischen Gerechtigkeit willen bedenken, daß den Söhnen eine Künstlerlaufbahn nicht selbstverständlich offenstand. Die Frage, ob Felix ein Musiker werden dürfe, machte der Vater einzig vom Urteil Luigi Cherubinis abhängig. Die gänzlich ablehnende Haltung von Jacob Bartholdy wurde schon erwähnt. Telemann und Händel mußten sich gegen den entschiedenen Widerstand ihrer Familien durchsetzen, Franz Schubert bekam sogar von seinem Vater Komponierverbot. Freilich: Daß sie sich am Ende dann doch behaupteten, wäre ihnen nicht möglich gewesen als Frauen. Niemand hatte etwas dagegen, Mädchen in der Musik ausbilden und sie auch komponieren zu lassen. Prinzessin Anna Amalia von Preußen und ihre Schwester, Markgräfin Wilhelmine von Bayreuth, schrieben Musik zum erlauchten Zeitvertreib wie so viele ihres Standes, aber das gehörte zum kultivierten Müßiggang ebenso wie das Zeichnen und Malen und das Dilettieren in der Poesie. Aber man darf nicht vergessen, daß alle künstlerische Tätigkeit, die den Rahmen des Zeitvertreibs überschritt, als suspekt galt. Im 18. Jahrhundert bis hinein in den Anfang des 19. Jahrhunderts gehörte der Beruf des Komponisten fast noch in den Bereich der Domestikenkategorie, was selbst Beethoven noch zu spüren bekam. Frauen gestattete man lediglich – und auch das keineswegs leichten Herzens – die Laufbahn der Virtuosin; als Sängerin (Henriette Sontag, Jenny Lind) oder Pianistin (Marie Szymanowska, Clara Wieck) konnten sie es sehr weit bringen, aber auch die gefeierte Clara Wieck ließ man als Komponistin nicht gelten, verweigerte ihr wenigstens jene Zustimmung, die man der Klavierkünstlerin in so reichem Maße zollte.

Fannys »Fugenfinger« hatte Mutter Lea schon in den ersten Lebenstagen des Kindes gerühmt, und ihr Klavierspiel durfte in der Tat für professionell gelten. In den Sonntagsmusiken im Elternhaus, erst an der Neuen Promenade 7, dann in der Leipziger Straße 3, erklangen auch regelmäßig Fannys Kompositionen, und es gab auch Verleger, die sie drucken wollten. Das aber lehnte der Vater strikt ab. Denn eine Drucklegung hätte ja Fanny vielleicht dazu verleiten können, die Musik nicht länger als »Zierde« anzusehen, und Felix pflichtete dem Vater uneingeschränkt bei. Dabei hatte Felix von Fannys Fähigkeiten eine sehr hohe Meinung. Sie, die er »Kantor« rief, beurteilte meist als erste seine neugeschaffenen Werke, sie übte Kritik und beriet ihn, und wenn Felix ihre kritischen Einwände auch nicht immer akzeptierte, ja zuweilen verärgert darauf reagierte, so hat er der Schwester doch niemals die künstlerische Kompetenz abgesprochen. Selbstbewußt schrieb die Siebzehnjährige 1822 über ihren Bruder: »Bis zu dem jetzigen Zeitpunkt besitze ich sein uneingeschränktes Vertrauen. Ich habe sein Talent sich Schritt vor Schritt entwickeln sehen und selbst gewissermaßen zu seiner Ausbildung beigetragen. Er hat keinen musikalischen Ratgeber als mich, auch sendet er nie einen Gedanken aufs Papier, ohne ihn mir vorher zur Prüfung vorgelegt zu haben. So habe ich seine Opern z. B. auswendig gewußt, noch ehe eine Note aufgeschrieben war.«

Der Vater aber wurde nicht müde, Fanny auf ihre wahre und einzige Bestimmung hinzuweisen. Als sie 23 Jahre alt war, prägte ihr Abraham ein: »Du mußt Dich mehr zusammennehmen, mehr sammeln; Du mußt Dich ernster und emsiger zu Deinem eigentlichen Beruf, zum *einzigen* Beruf eines Mädchens, zur Hausfrau, bilden. Die wahre Sparsamkeit ist die wahre Liberalität, wer Geld wegwirft, muß ein

●◆ *Du erhältst nun jetzt den 6ten Band von Goethe Zelter, mit dem die Reihe geschlossen ist. Der Herausgeber hat sich die Mühe gegeben, hinten ein alphabetisches Verzeichniß anzuhängen, in welchem Jeder, der das A b c weiß, ohne Mühe nachsehn kann, wo und wie oft er im ganzen Werk geschimpft oder gelobt (Du bists 58 mal) worden, was hier ziemlich gleich bedeutend ist. Figaro! würdest Du sagen, wenn Du hier wärest, ich kann Dir aber nicht helfen, es beleidigt mich von Anfang bis zum Schluß, daß in einem Lande ohne Preßfreiheit, wo also die zur Öffentlichkeit bestimmten Personen sich der Öffentlichkeit entziehn, harmlose Privatpersonen so plötzlich, wie von Räubern aus dem Busch angefallen, u. je nachdem den Herren die Dinte geflossen ist, besprochen u. verlästert, auch mitunter ihnen die Ehre abgeschnitten wird. Von mir steht, ich spiele wie ein Mann, ich habe Gott oder Zelter zu danken, daß da nicht eine Unanständigkeit folgt, mit denen das Buch sonst wohl gesegnet ist. Vater wirst Du mehrere Mal hart getadelt finden, daß er Dich nicht nach Sicilien reisen lassen. In England würde ein solches Buch gar nicht gelesen, weil man der Persönlichkeiten gewohnt ist, u. es sonst kein Interesse hat, schön finde ich es aber unter keinen Umständen, u. immer u. ewig unzart, Privatleute zu veröffentlichen.*

Fanny an Felix, 24.11.1834

»Januar. – Ein Traum«, komponiert von Fanny Mendelssohn am 11. Dezember 1841 als erstes Stück des Klavierzyklus' »Das Jahr« in Fannys Autograph.

»Der Maiabend«, ein Lied von Fanny Mendelssohn in ihrer Handschrift,
illustriert von Wilhelm Hensel, der das künstlerische Schaffen seiner Frau
unterstützte und förderte, im Gegensatz zu Vater und Bruder.

Geizhals oder ein Betrüger werden. Der Frauen Beruf ist der schwerste; die unausgesetzte Beschäftigung mit dem Kleinsten, das Auffangen eines jeden Regentropfens, damit er nicht in dem Sande verdunste, sondern zum Bache geleitet Wohlstand und Segen verbreite, die stete unausgesetzte Beobachtung des einzelnen, die Wohltat jedes Augenblicks und die Benutzung jedes Augenblicks zur Wohltat, das und alles, was Du Dir dazu denken wirst, sind die Pflichten, die schweren Pflichten der Frauen.« Und ganz gewiß nicht, ließe sich ergänzen, die Ausübung von Musik, gar die ernsthafte.

In ihrer gemeinsamen Jugend galten Fanny und Felix für unzertrennlich, und wenn Felix auf Reisen war, schrieb ihm Fanny manchmal geradezu schwärmerische Briefe: »Ich liebe Dich, ich bete Dich an.« Schwester Rebecka (»Beckchen«) fand das überaus belustigend und sparte nicht mit ironischen Kommentaren. Auch während ihrer Verlobungszeit mit Wilhelm Hensel machen Fannys Briefe an Felix oft genug den Eindruck, als sei er und nicht Hensel der eigentliche Mann ihres Herzens.

Die innige Verbundenheit der Geschwister änderte aber nichts daran, daß Felix sich gegen die Publikation von Fannys Kompositionen nach wie vor aussprach. Dabei hatte er bei der Drucklegung seiner Lieder op. 8 (1828) und op. 9 (1830) ohne Bedenken sechs Lieder von Fanny als eigene Kompositionen ausgegeben. Den Freunden des Hauses sei das durchaus bekannt gewesen, schrieb später Fannys Sohn Sebastian, mehr noch: »Im Publikum galt ihr Anteil an den herausgekommenen Sachen für viel größer.«

Als in Leipzig 1837 eines ihrer Lieder aufgeführt wurde und großen Anklang beim Publikum fand, schrieb Felix ironisch an den »lieben Fenchel«, wie er die Schwester gern nannte: »... und ich meinesteils bedanke mich im Namen des Publikums zu Leipzig und den anderen Orten, daß Du es gegen meinen Wunsch doch herausgegeben hast.« Als der Verleger Schlesinger ein Lied Fannys in eine Anthologie aufnahm – Fannys erste eigene Veröffentlichung –, schrieb der Bruder: »Weißt Du denn, Fenchel, daß Dein A-dur-Lied in Schlesingers Album Furore hier macht? Daß die Neue Musikalische Zeitung (ich meine ihren Redakteur, der in meinem Hotel mit ißt) für Dich schwärmt? Daß alle sagen, es sei das Beste im Album, was ein schlechtes Kompliment ist, denn wo ist sonst was Gutes? Daß sie es aber wirklich goutieren? Bist Du nun ein rechter Autor, und macht Dir das auch Plaisir?«

Es machte Fanny eher leicht bitter. An Carl Klingemann hatte sie am 15. Juli 1836 geschrieben: »Ich lege zwei Klavierstücke, die ich seit Düsseldorf geschrieben, für Sie bei, Sie mögen beurteilen, ob sie sich eignen, meiner unbekannten jungen Freundin in die Hände zu kommen; ich überlasse es ganz Ihnen, kann aber nicht unterlassen zu sagen, wie angenehm es mir ist, in London für meine kleinen Sachen ein Publikum zu finden, das mir hier ganz fehlt. Daß sich jemand hier etwas abschriebe oder nur eine Sache zu hören verlangte, das kommt kaum einmal im Jahr vor, namentlich seit der letzten Zeit, und seit Rebecka nicht mehr singen mag, liegen meine Lieder durchaus ungehört und ungekannt da, und man verliert am Ende selbst mit der Lust an solchen Sachen das Urteil darüber, wenn sich nie ein fremdes Urteil, ein fremdes Wohlwollen entgegenstellt. Felix, dem es ein Leichtes wäre, mir ein Publikum zu ersetzen, kann mich auch, da wir nur wenig zusammen sind, nur wenig aufheitern, und so bin ich mit meiner Musik ziemlich allein. Meine eigne und Hensels Freude an der Sache läßt mich indes nicht ganz einschlafen, und daß ich bei so gänzlichem Mangel an Anstoß von Außen dabei bleibe, deute ich mir selbst wieder als ein Zeichen von Talent.«

Selbst Mutter Lea bat schließlich den Sohn, seinerseits doch Fanny zur Publikation zu ermuntern, aber der winkte ab: »Du schreibst mir über Fannys neue Stücke und sagst mir, ich solle ihr zureden, sie herauszugeben. Du lobst mir ihre neuen Kompositionen, und das ist wahrhaftig nicht nötig, damit ich mich von Herzen darauf freue und sie für schön und trefflich halte, denn ich weiß ja, von wem sie sind. Auch darüber, hoffe ich, brauche ich nicht ein Wort zu sagen, daß ich, sowie sie sich entschließt, etwas herauszugeben, ihr die Gelegenheit dazu soviel ich kann verschaffen und ihr alle Mühe dabei, die sich ersparen läßt, ersparen werde. Aber ihr *zureden*, etwas zu publizieren, kann ich nicht, weil es gegen meine Ansicht und Überzeugung ist. Wir haben darüber viel gesprochen, und ich bin noch immer derselben Meinung, – ich halte das Publizieren für etwas Ernsthaftes (es sollte das wenigstens sein) und glaube, man soll es nur tun, wenn man als Autor sein Leben lang auftreten und dastehen will. Dazu gehört aber eine *Reihe* von Werken, eins nach dem andern, – von einem oder zweien allein ist nur Verdruß von der Öffentlichkeit zu erwarten, oder es wird ein sogenanntes Manuskript für Freunde, was ich auch nicht liebe. Und zu einer Autorschaft hat Fanny, wie ich sie kenne, weder Lust noch Beruf – dazu ist sie zu sehr eine Frau, wie es recht ist, sorgt für ihr Haus und denkt weder ans Publikum noch an die musikalische Welt, noch sogar an die Musik, außer, wenn jener erste Beruf erfüllt ist.«

Wie wenig er doch die Schwester kannte. Wie wenig er

doch von ihrem Schaffen wußte. Fanny hatte damals schon mehrere Kantaten geschrieben, Orchesterstücke, ein Oratorium nach Worten der Bibel (1831), Kammermusik in verschiedener Besetzung, Klaviermusik, Lieder, Sätze für Chor – durchaus »eine *Reihe* von Werken, eins nach dem andern«, wie es Felix verlangte. Sie denke nicht ans Publikum? Und was hatte sie an Klingemann geschrieben? Wie sehr zieht sich, einem *cantus firmus* gleich, die stille Trauer darüber durch ihre Briefe, daß sie als Komponistin nicht angenommen wird, daß sich das ihr entgegengebrachte Unverständnis lähmend auf ihre Produktionskraft auswirke. »Zu sehr eine Frau?« Mit diesem als Waffe gebrauchten Argument ließe sich noch jedes weibliche Talent in die Schranken weisen. Merkwürdig nur, daß ganz anders als der sich so sehr sorgende Bruder Fannys Ehemann Hensel das Problem sah. Obwohl er von Musik nichts verstand, ermunterte und förderte er das Schaffen seiner Frau, so gut er's vermochte, und fand sich offenbar als Ehemann dabei so wenig vernachlässigt, wie sich der gemeinsame Sohn Sebastian vernachlässigt fühlen durfte.

Zu sehr eine Frau. Was Fanny von solchen Argumenten hielt, hatte sie schon 1829 den gemeinsamen Freund Carl Klingemann wissen lassen: »Beinahe hätte ich vergessen, Ihnen zu danken, daß Sie erst aus meiner Verlobungskarte geschlossen haben, ich sei ein Weib wie andere, ich meinesteils war darüber längst im klaren, ist doch ein Bräutigam auch ein Mann wie andre. Daß man übrigens seine elende Weibsnatur jeden Tag, auf jedem Schritt seines Lebens von den Herren der Schöpfung vorgerückt bekommt, ist ein Punkt, der einen in Wut und somit um die Weiblichkeit bringen könnte, wenn nicht dadurch das Übel ärger würde.«

Fast resigniert schrieb sie 1838 ihrem Bruder: »Lieber Felix, komponiert habe ich diesen Winter rein gar nichts, musiziert freilich desto mehr, aber wie einem zumute ist, der ein Lied machen will, weiß ich gar nicht mehr. Ob das wohl noch wieder kommt, oder ob Abraham alt war? Was ist übrigens daran gelegen? Kräht ja doch kein Hahn danach und tanzt niemand nach meiner Pfeife.«

Kurz zuvor war sie erstmals als Pianistin in einem öffentlichen Konzert aufgetreten. »Vorige Woche«, so schrieb sie an Klingemann, »hat hier in der eleganten Welt ein Konzert großes Aufsehn gemacht. Es ist nämlich, wie es an andern Orten häufig geschieht, ein Dilettantenkonzert zum Besten der Armen mit verdoppeltem Eintrittsgeld gegeben worden, wobei die Chöre fast von lauter Gräfinnen, Gesandtinnen und Offizieren gesungen wurden. Da war ich vornehme Frau denn auch dringend gebeten worden, zu spielen, und habe zum ersten Mal in meinem Leben öffentlich gespielt und zwar Felixens Konzert aus g-moll. Ich habe mich gar nicht geängstigt, meine Bekannten waren so gütig, es für mich zu tun, und das ganze Konzert, so elend das Repertoire auch war, hat so viel Neugier und Interesse erregt, daß die Einnahme 2500 Taler betrug.«

Auch hier stellte sie sich – wie anders – nicht mit einer eigenen Komposition vor, wie denn ja auch ihr Auftritt sich nicht daraus herleitete, weil man sie als begabte Pianistin oder gar Komponistin geschätzt hätte, sondern weil sie die Tochter eines bekannten Bankiers, die Schwester eines berühmten Bruders und die Ehefrau eines angesehenen Malers und Professors war. Erst 1846 wagte es Fanny, etwas drukken zu lassen: »Sechs Lieder für eine Stimme mit Begleitung des Pianoforte op. 1« stand auf dem Titelblatt. Ein Freund des Hauses, Robert von Keudell, musikalisch kenntnisreich und kritisch, hatte sie dazu überreden können. »Man kann kein wohlwollenderer und zugleich strengerer, aufmerksamerer Kritiker sein, er hat mir stets die allerbesten Ratschläge gegeben«, notierte Fanny im Tagebuch.

Felix nahm die Nachricht ohne Begeisterung auf, wie nicht anders zu erwarten, als es ihm Fanny mitteilte. Nach längerem Schweigen bequemte er sich schließlich zu diesem Brief: »Mein liebster Fenchel, erst heut, kurz vor meiner Abreise, komme ich Rabenbruder dazu, Dir für Deinen lieben Brief zu danken und Dir meinen Handwerkssegen zu geben zu Deinem Entschluß, Dich auch unter unsere Zunft zu begeben. Hiermit erteile ich ihn Dir, Fenchel, und mögest Du Vergnügen und Freude daran haben, daß Du den andern so viel Freude und Genuß bereitest, und mögest Du nur Autor-Plaisirs und gar keine Autor-Misere kennen lernen, und möge das Publikum Dich nur mit Rosen und niemals mit Sand bewerfen, und möge die Druckerschwärze Dir niemals drückend und schwarz erscheinen, – eigentlich glaube ich, an alledem ist gar kein Zweifel denkbar. Warum wünsche ich Dir's also erst? Es ist nur so von Zunft wegen und damit ich auch meinen Segen dazu gegeben haben möge, wie hierdurch geschieht.« Und er unterzeichnete: »Der Tafelschneidergeselle Felix Mendelssohn Bartholdy.«

Ein eher sauersüßer, etwas herablassender Brief von eher gequältem Humor, nicht von jener leichten, anmutigen Spielart, wie sie sonst für die Briefe zwischen Fanny und Felix üblich ist. Gern wurde dieser Segen jedenfalls nicht erteilt, nur notgedrungen. Der Satz von den Plaisirs und Rosen zeigt, wie wenig Felix die künstlerische Arbeit der Schwester ernst nahm, und es muß Fanny seltsam vorge-

Ein Brief von Fanny Mendelssohn an ihre Mutter Lea aus Rom, 28. April 1840. Fanny und Wilhelm Hensel hielten sich vom November 1839 bis zum Juni 1840 in Rom auf. Fanny befreundete sich hier mit dem jungen Charles Gounod.

*Tagebuchnotizen Fannys vom 9. März 1829 über ein Konzert
Paganinis in Berlin und vom 12. März über die von Felix geleitete
Aufführung von Bachs Matthäuspassion.*

Das Gartenhaus in der Leipziger Straße 3 in Berlin, Wohnung des Ehepaars Hensel. Aquarellierte Federzeichnung von Wilhelm Hensel.

kommen sein, wenn er ihr wünschte, sie möge niemals »Autor-Misere« kennenlernen: Was hatte sie denn in all den Jahren sonst kennengelernt? In ihr Tagebuch schrieb Fanny nach Empfang dieses Briefes: »Endlich hat mir Felix geschrieben und mir auf sehr liebenswürdige Weise seinen Handwerkssegen erteilt; weiß ich auch, daß es ihm eigentlich im Herzen nicht recht ist, so freut mich doch, daß er endlich ein freundliches Wort mir darüber gegönnt!«

Nach dem Tod der Mutter – Lea Mendelssohn Bartholdy war am 12. Dezember 1842 gestorben – leitete Fanny den Haushalt in der Leipziger Straße 3 nun allein; schon vorher hatte ihr Lea nach dem Tode Abrahams die Führung weitgehend überlassen. Die berühmten und von vielen Künstlern gern besuchten Sonntagsmusiken wurden fortgesetzt, und mehr und mehr bekamen die Hörer auch die Kompositionen Fannys aufgeführt, wobei Fanny das Orchester souverän dirigierte. Aber für die Komponistinnenlaufbahn war es doch schon zu spät; ihr früher Tod beendete, was sich gerade so hoffnungsvoll angelassen hatte.

Auch die Nachwelt ließ ihr keine Gerechtigkeit widerfahren. Einige hinterlassene Werke gab Wilhelm Hensel heraus. Die Musikgeschichten und die Nachschlagewerke nahmen Fanny Mendelssohn Bartholdy entweder nicht zur Kenntnis oder erkannten ihren Werken herablassend-herabsetzende Prädikate zu, ohne daß wahrscheinlich jemand auch nur eine einzige Note davon gehört hatte. Die künstlerische Leistung Fannys wird erst dann wirklich gewürdigt werden können, wenn einmal das Gesamtwerk der Forschung zugänglich sein wird, was noch bei weitem nicht der Fall ist. Das wenige Publizierte – erinnert sei nur an ein Meisterwerk wie das Klaviertrio d-moll oder an das Streichquartett Es-dur – aber verlangt nach Revision eines unhaltbaren Urteils.

Die letzten Jahre

Mit König Friedrich Wilhelm IV. von Preußen war 1840 ein Herrscher zur Regierung gelangt, der die Künste liebte. Von politischen Reformen, die sich die Bevölkerung erhoffte, hielt er nichts, das zunehmende Rumoren im Untergrund nahm er nicht wahr. In Preußen durfte man schon froh sein, den erzreaktionären Friedrich Wilhelm III. nach drei Jahrzehnten einer starren und starrsinnigen Herrschaft losgeworden zu sein. Aber der Nachfolger? Der gab sich zunächst einmal betont musisch und berief Künstler und Wissenschaftler nach Berlin. Und sie kamen: der Maler Peter Cornelius, der Dichter Friedrich Rückert, die Wissenschaftler Jacob und Wilhelm Grimm, der Philosoph Friedrich Wilhelm Joseph Schelling und nun auch Felix Mendelssohn Bartholdy. Der König wünschte sich mit dem berühmtesten deutschen Komponisten zu schmücken, der für Berlin eine Musikhochschule aufbauen sollte, und am 13. Oktober 1841 wurde Mendelssohn zum Königlichen Preußischen Kapellmeister ernannt. Die Einwilligung war Mendelssohn nicht leicht gefallen, und er machte sich auch keinerlei Illusionen. Mochte der König selbst auch noch so guten Willens sein und voll schöner Pläne: Die Entscheidungen trafen letzten Endes die den Monarchen umgebenden Schranzen und das von Mendelssohn tief verabscheute preußische Beamtentum, von dem er meinte, es passe zur Musik »wie eine Zwangsjacke einem Menschen«. Aber er hatte nun eben doch eingewilligt, blieb allerdings seinen Leipziger Verpflichtungen treu, behielt auch das Amt des Gewandhauskapellmeisters und auch die Leipziger Wohnung bei und dachte nicht daran, seine gewohnten ausgedehnten Auslandsreisen einzuschränken. Überhaupt wollte er möglichst viel Zeit für sich und seine Arbeit behalten.

Die Rückkehr nach Berlin war Felix nicht leichtgefallen. »Seit vierzehn Tagen bin ich nun mit meiner Familie hier und lebe wieder mit der Mutter und den Geschwistern in demselben Hause, aus welchem ich vor zwölf Jahren mit schwerem Herzen zog«, schrieb er am 14. August 1841 an Ernst Heinrich Wilhelm Verkenius in Köln. »Desto sonderbarer ist es mir, daß ich mich trotz der Freude, mit Mutter und Geschwistern zu sein, trotz aller Vorzüge und frohen Erinnerungen, kaum in irgendeinem Orte Deutschlands so wenig zu Hause fühlen kann als hier. Der Grund mag darin liegen, daß alle Ursachen, welche mir es damals möglich machten, meine Laufbahn hier zu beginnen und zu erweitern, welche mich also von hier forttrieben, nach wie vor noch bestehen und leider wohl auch für ewige Zeiten bestehen werden. – Dieselbe Zersplitterung aller Kräfte und aller Leute, dasselbe unpoetische Streben nach äußerlichen Resultaten, derselbe Mangel an Produktion und Mangel an Natur, dasselbe ungroßmütige Zurückbleiben in Fortschritt und Entwicklung, wodurch beide freilich viel sicherer und gefahrloser werden, wodurch ihnen aber auch alles Verdienstliche, Belebende geraubt wird.«

Im Herbst entstand die vom König gewünschte Musik zur »Antigone« des Sophokles, und am 20. Januar 1842 wurde endlich auch nach so vielen Jahren die 3. Symphonie (»Schottische«) vollendet und am 3. März in Leipzig uraufgeführt. Die Berliner Singakademie beeilte sich, den Heimgekehrten, den man einst so schmählich abgewiesen hatte, zu ihrem Ehrenmitglied zu ernennen.

Ende Mai 1842 brach er gemeinsam mit Cécile zu seiner siebten Englandreise auf. Er dirigierte Konzerte mit eigenen Werken (darunter die Hebriden-Ouvertüre und die Schottische Symphonie, die er Königin Victoria gewidmet hatte) und wurde wie stets vom englischen Publikum herzlich gefeiert. Als einen lieben Gast empfingen ihn Königin Victoria und Prinzgemahl Albert, mit denen er musizierte und mit denen ihn ein fast freundschaftliches Verhältnis verband. Als er im September nach Berlin zurückkehrte, war der Widerwille gegen Preußens Hauptstadt dermaßen gewachsen, daß er sein Amt niederlegte und nach Leipzig zurückging. Friedrich Wilhelm IV. bewies sogar Verständnis und dankte dem Komponisten mit der Ernennung zum preußischen Generalmusikdirektor, auch wenn sich dessen Tätigkeiten in beratender Funktion erschöpften.

Am 12. Dezember 1842 starb Lea Mendelssohn. »Der Vereinigungspunkt fehlt, in welchem wir uns immer noch als Kinder fühlen durften«, schrieb Felix an seinen Bruder Paul in Berlin. »Waren wir es nicht mehr den Jahren nach, so durften wir es dem Gefühl nach sein. Wenn ich an die Mutter schrieb, so hatte ich damit an Euch alle geschrieben, und Ihr wußtet es auch. Aber Kinder sind wir nun nicht mehr und haben es genossen, was es heißt, das zu sein. Es ist nun vorbei! – Man hält sich in solcher Zeit an Äußerlichkeiten, wie in einer finsteren Stube, wo man den Weg sucht – von einer Stunde zur anderen . . . Schwer wird mir der nächste Besuch in Berlin fallen. Schwer fällt mir eigentlich alles, was ich tue und treibe, und was nicht ein bloßes Übermich ergehenlassen ist. Doch habe ich wieder angefangen zu arbeiten, und das ist das einzige, was mich ein wenig beschäftigt. Zum Glück hatte ich eine halb mechanische Arbeit, Schreiberei von vielen Bogen, Instrumentierung und dergleichen zu machen. Das ist so halb und halb ein tierischer Instinkt, dem man nachgeht und wobei es einem doch wohler wird als ohne das.«

Wäre er nicht ein so rastloser, zu wirklicher Muße unfähiger Arbeiter gewesen, so hätten ihm die warnenden Zeichen einer zunehmenden Erschöpfung auffallen müssen. Von seiner Ehe mit Cécile Jeanrenaud hatten sich die Freunde die »behagliche Arbeitsstille eines häuslichen Lebens« versprochen. Wohl, diese Ehe war sehr glücklich. Cécile, von deren Persönlichkeit kein ganz klares Bild zu gewinnen ist, führte an der Seite von Felix ein eher zurückhaltendes, unauffälliges Leben und trat nur selten in Erscheinung. Sie war zwar geistig aufgeweckt, durfte aber schwerlich für »intellektuell« gelten, eher wirkte sie naiv. Ihre Musikalität erlaubte ihr nicht, an der Arbeit ihres Mannes so teilzunehmen wie Fanny, denn sie verstand nur sehr wenig von Musik. Felix liebte Cécile und suchte ihre Nähe, was nun wieder nicht bedeutete, »daß er ihr zeitlebens hörig blieb«, wie Eric Werner konstatiert, der sich darüber wundert, was der »von den schönsten und gebildetsten Frauen verwöhnte Felix« denn eigentlich an dieser Cécile fand. Es ist schon kurios, wenn Biographen meinen, sie selber müßten es wohl am besten wissen, wer wen hätte heiraten sollen; wir kennen das ja zur Genüge aus den Büchern über Goethe. Die Ehe war glücklich, und Cécile scheint für Felix die ideale Partnerin bedeutet zu haben – läßt sich Schöneres sagen? Und die Innigkeit, mit der sie miteinander lebten, währte bis zum Lebensende.

Das Arbeitszimmer Mendelssohns in Leipzig. Nach einer zeitgenössischen Darstellung kopiert von Maria Wach, einer Enkelin von Felix Mendelssohn.

*Felix Mendelssohn spielt vor Königin Victoria und Prinzgemahl Albert.
Mit ihnen verband ihn eine fast freundschaftliche Beziehung. Er war 1842
und 1844 bei dem königlichen Paar zu Gast. Beide sangen gern Lieder von
Mendelssohn, die Schottische Symphonie wurde der Königin gewidmet.*

Paul Mendelssohn Bartholdy, der jüngere Bruder. Er gab später die Briefe von Felix heraus.

Elftes
ABONNEMENT-CONCERT

im Saale des Gewandhauses zu Leipzig,

Mittwoch, den 21. December 1842.

Erster Theil.

Doppel-Chor. Nach den Worten Dr. Martin Luthers, comp. von Friedrich Rochlitz.

> Haltet Frau Musica in Ehren!
> Aus Gnaden gab sie Gott,
> Wider der Welt Spott
> Unsre Freude zu mehren;
> Und zu seines Namens Preis
> In immer and'rer Weis'
> Die finstern Geister zu beschwören.
> Haltet Frau Musica in Ehren!

Sinfonia eroica von L. van Beethoven.

Zweiter Theil.

Introduction und *Variationen* über ein russisches Thema, componirt und vorgetragen von Herrn Concertmeister F. David.

Ouverture zu Shakspeare's Sommernachtstraum von Felix Mendelssohn-Bartholdy.

Programm eines Gewandhauskonzerts mit Mendelssohns Ouvertüre zum Sommernachtstraum.

Tessiner Landschaft, gemalt 1851 von Cécile Mendelssohn Bartholdy.

Das Wohnzimmer in der Leipziger Wohnung in Lurgensteins Garten. Aquarell von Felix Mendelssohn, 1840. Cécile hat sich und ihre Kinder Carl und Marie hinzugemalt, denn das Figurenzeichnen beherrschte Felix nur sehr unvollkommen.

Elisabeth, genannt Lili, Mendelssohns jüngstes Kind, geboren am 19. September 1845 in Leipzig.

»Carl und Marie 1842 gezeichnet von J. Becker«: Diese Zeichnung seiner beiden ältesten Kinder stand auf Mendelssohns Schreibtisch in Leipzig.

Autograph von Mendelssohns Streichquartett D-dur op. 44, Nr. 1, beendet in Berlin am 24. Juli 1838.

Mit der damals in ganz Europa gefeierten schwedischen Sopranistin Jenny Lind (genannt »die schwedische Nachtigall«) war Mendelssohn befreundet. Das Programm eines Gewandhauskonzerts, in dem sie auftrat.

Jenny Lind, gemalt 1845 von J. L. Asher. »Nie war mir so glücklich, so erhebend zumute, als wenn ich mit ihm sprach, und selten waren in der Welt zwei Menschen zu gleicher Zeit, die sich so verstanden und die so sympathisierten wie wir«, *erinnerte sich Jenny Lind.*

Felix Mendelssohn Bartholdy, gemalt 1846 von Eduard Magnus.

Fünf Kinder wurden geboren: Carl (* 1838), Marie (* 1839), Paul (* 1841), Felix (* 1843) und Lili (* 1845).

Aber Mendelssohn-Biograph Eric Werner entdeckte noch weit Ärgeres in dieser Ehe als die angebliche »Hörigkeit« Mendelssohns: »Leider aber hat sie in anderer Weise auf Mendelssohn keinen guten Einfluß ausgeübt«, wirft er Cécile vor. »Vielleicht hatte er immer eine gewisse Neigung zum Traditionell-Konventionellen gehabt, wenn auch seine Jugendwerke entschieden gegen eine solche Annahme sprechen. Nun aber, in seiner Ehe, tritt ein gewisser Konventionalismus mehr und mehr in Erscheinung, keineswegs zum Vorteil seiner Musik. Es wird sich zwar kaum beweisen lassen, daß Céciles Einfluß diesen Konventionalismus gefördert hat, aber zahlreiche Indizien sprechen dafür.«

In der Tat: Beweise für diese einigermaßen groteske Behauptung gibt es nicht, und die »zahlreichen Indizien« werden von Werner auch wohlweislich nicht vorgetragen. Da Cécile, wie wir aus Mendelssohns Briefen wissen, von Musik nicht sonderlich viel verstand, konnte sie, anders als Fanny, wohl schwerlich Einfluß auf das Komponieren ihres Ehemanns nehmen. Sieht man sich aber das nach der Eheschließung geschaffene Werk von Felix Mendelssohn Bartholdy an, so wird man gewiß auch schwächere Kompositionen finden, aber doch nicht einen erkennbaren »Konventionalismus«, dessen Definition Werner uns vorenthält. Nach 1837 sind beispielsweise entstanden: die drei Streichquartette op. 44, die Klaviertrios op. 49 und op. 66, die »Variations sérieuses« für Klavier op. 54, die Musik zum »Sommernachtstraum« op. 61, das Violinkonzert op. 64, die drei Psalmen op. 78, das Streichquintett op. 87, das Oratorium »Elias« – sind das alles Beispiele für »Konventionalismus«?

Wenn etwas das Schaffen Mendelssohns wirklich beeinträchtigen konnte, dann war es nicht die Ehe und der vermutete Einfluß Céciles, sondern sein schlechter Gesundheitszustand, den man fast einen Prozeß der unbewußten, schleichenden Selbstzerstörung nennen könnte.

Felix Mendelssohn Bartholdy war ein kräftiger, sportlich trainierter Mann. Im Garten seines Elternhauses hatte der Vater einen Turnplatz eingerichtet, der von Felix fleißig genutzt wurde; er war ein ausdauernder Reiter und Schwimmer, und die ausgedehnten Wanderungen im schottischen Hochland und die Bergtouren in der Schweiz hätte er ohne eine starke körperliche Kondition nicht durchhalten können. Welche Folgen der nie genau beschriebene Unfall in London 1829 mit der Knieverletzung hatte, wissen wir nicht; vielleicht ist das Umstürzen des Wagens auch mit einer Gehirnerschütterung verbunden gewesen. Ein leichter Cholera-Anfall band ihn 1832 in Paris für einige Wochen ans Bett. Seit diesem Jahr klagte er in Briefen immer wieder über Kopfschmerzen und Ohrenbeschwerden. Beim Baden im Rhein 1840 brach er plötzlich im Wasser zusammen und blieb einige Stunden lang bewußtlos. Er habe danach zwei Wochen lang »fortwährend jämmerliche Kopfschmerzen gehabt«, klagte er Klingemann. Was er damals erlebte, waren die ersten Anzeichen der Todeskrankheit. Erschöpfungszustände und Kopfschmerzen traten wieder und wieder auf, kein Wunder angesichts der riesigen Arbeitslast, die er sich aufbürdete. Seine Dirigenten- und Lehrtätigkeit, die er überaus gewissenhaft versah, beanspruchten viel Zeit, die Konzertreisen nach England oder zu den rheinischen Musikfesten, das große Arbeitspensum schließlich des Komponisten, der sich danach sehnte, ganz nach Frankfurt a. M. zu ziehen und dort nur noch als freier Künstler zu leben, woraus aber dann doch nichts wurde: Dieses Leben, dieser Lebensstil ließ sich bei seiner schwer angeschlagenen körperlichen Kondition nicht durchhalten; Cécile hatte es längst voller Sorgen beobachtet und ihn beschworen, sich mehr zu schonen, sich mehr Muße zu gönnen, und er hatte es auch versprochen, er, der ohne diese Hektik offenbar gar nicht leben konnte, weil er in seinem Leben nie gelernt hatte, sich wirklich zu entspannen und Augenblicke der Untätigkeit zu genießen.

Sein körperlicher Zustand, das Altern vor der Zeit, ist damals manchem aufgefallen. So berichtet der Arzt Georg Friedrich Louis Stromeyer, der Felix schon als Kind gekannt hatte, in seinen Erinnerungen: »Felix war mit sechzehn Jahren ein schöner schwarzgelockter Jüngling, wollte man Goethe als Zeus darstellen, so könnte man ihm Felix als Ganymed zur Seite stellen, das würde ein reizendes Bild geben. Als ich ihn zwanzig Jahre später in Freiburg wiedersah, fand ich ihn früh gealtert, er war seit seinen Jünglingsjahren wenig gewachsen, sein Antlitz trug die Spuren angestrengter Geistesarbeit, seine Gewohnheit, die Augenlider halb geschlossen zu halten, hatte so zugenommen, daß er seine nächsten Bekannten auf der Straße kaum bemerkte. Sein Haupt war vorwärts geneigt, seine ganze Haltung hatte alle Frische und Elastizität verloren.« Dieser Aufenthalt in Freiburg fiel in den Juli 1845, als Mendelssohn gerade sein Streichquintett B-dur vollendet hatte.

Leipzig hatte ihn am 13. April 1843 zum Ehrenbürger ernannt. Hector Berlioz war gekommen; er dirigierte am 4. Februar ein Konzert mit eigenen Werken und war beeindruckt und erfreut, in welchem Maße ihm von Felix Hilfe zuteil wurde. So verschieden auch beide Komponisten waren: Berlioz nahm teil an einer Probe zur »Ersten Walpurgisnacht« (ihre endgültige Fassung erlebte am 2. Februar ihre Premiere) und schrieb später: »Ich möchte dies Werk Mendelssohns für das gediegenste von allen halten, die er bis auf den heutigen Tag geschrieben ... Man muß Mendelssohns Töne hören, um zu ermessen, was alles ein so reichhaltiger Stoff einem geschickten Komponisten darbietet. Er hat ihn wunderbar benutzt.« In diesem Jahr vollendete Mendelssohn auch die Musik zum »Sommernachtstraum«, die er siebzehn Jahre zuvor mit der Ouvertüre begonnen hatte. Zwei Jahre später folgten das Violinkonzert op. 64, die sechs Orgelsonaten op. 65 und das Klaviertrio op. 66.

Das Jahr 1846 stand ganz im Zeichen des »Elias«, seines zweiten Oratoriums. Das erste musikalische Ereignis dieses Jahres war die Uraufführung von Robert Schumanns Klavierkonzert mit Clara Schumann am Flügel und Felix Mendelssohn am Dirigentenpult. Beide Musiker waren längst Freunde geworden, und nach der ersten Symphonie und dem Klavierkonzert hob Mendelssohn am 2. November noch Schumanns zweite Symphonie aus der Taufe. Schumann wiederum widmete seine drei Streichquartette op. 41 Mendelssohn.

Sonst gehörte das erste Halbjahr ganz der Komposition des »Elias«, der am 26. August in Birmingham uraufgeführt wurde, von Felix Mendelssohn dirigiert. Seinem Bruder Paul berichtete er darüber noch am selben Abend überglücklich: »Noch niemals ist ein Stück von mir bei der ersten Aufführung so vortrefflich gegangen und von den Musikern und den Zuhörern so begeistert aufgenommen worden wie dies Oratorium. Es war gleich bei der ersten Probe in Lon-

Zwei Zeichnungen Mendelssohns: Die Industriesilhouette
von Birmingham und der Raddampfer »Teddy«.

Ansicht von Luzern, Aquarell Mendelssohns vom 2. Juli 1847, gemalt während seiner letzten Schweizerreise.

*Felix Mendelssohn an seinen Schwager Wilhelm Hensel am
16. Mai 1847 nach dem Tode Fannys: »Wenn Dich meine
Handschrift im Weinen stört, so wirf den Brief weg . . . «*

Fanny Mendelssohn, Bleistiftskizze von Wilhelm Hensel.

Das von Felix Mendelssohn am 7. Oktober 1847 komponierte »Altdeutsche Frühlingslied« (op. post 86, Nr. 6), seine letzte Komposition: »Der trübe Winter ist vorbei ...« Text von Friedrich Spee.

Während seiner letzten Schweizerreise 1847 malte Felix Mendelssohn meh-
rere Aquarelle: Am 16. Juli ein (unvollendetes) Bild aus Interlaken.

Der Rheinfall bei Schaffhausen vom 28. Juni (oben), die Aussicht vom Gipfel des Seidelhorns (= Sidelhorn) in den Berner Alpen vom 18. August (unten).

Fünftes
ABONNEMENT - CONCERT
im Saale des Gewandhauses zu Leipzig.

Donnerstag, den 11. November 1847.

Zum Gedächtniss des entschlafenen Felix Mendelssohn Bartholdy.

(geb. zu Hamburg den 3. Febr. 1809, gest. zu Leipzig den 4. Nov. 1847.)

Erster Theil.

Gebet von Dr. Martin Luther.

> Verleih uns Frieden gnädiglich,
> Herr Gott, zu unsern Zeiten,
> Es ist doch ja kein andrer nicht,
> Der für uns könnte streiten,
> Als du, unser Gott, alleine!

Ouverture zur Melusine.

Nachtlied, gedichtet von F. v. Eichendorff.
(Manuscript und letzte Composition.)

Motette a capella für Soli und Chor.
(Manuscript; im Sommer dieses Jahres componirt.)

Ouverture zu dem Oratorium „Paulus".

comp. von
**Felix Mendelssohn
Bartholdy.**

Nachtlied von Eichendorff.

Vergangen ist der lichte Tag;
Von ferne kommt der Glocken Schlag;
So reist die Zeit die ganze Nacht,
Nimmt Manchen mit der's nicht gedacht.

Wo ist nun hin die bunte Lust,
Des Freundes Trost und treue Brust,
Der Liebsten süsser Augenschein? —
Will Keiner mit mir munter sein? —

Frisch auf denn, liebe Nachtigall,
Du Wasserfall mit hellem Schall,
Gott loben wollen wir vereint,
Bis dass der lichte Morgen scheint.

Nach dem plötzlichen Tod von Felix Mendelssohn Bartholdy wurde das fünfte Abonnementskonzert des Gewandhauses am 11. November 1847 zu einer Huldigung für den frühverstorbenen Komponisten.

don zu sehen, daß sie es gern mochten und gern sangen und spielten; aber daß es bei der Aufführung gleich einen solchen Schwung und Zug bekommen würde, das gestehe ich, hatte ich selbst nicht erwartet. Wärst Du nur dabei gewesen! Die ganzen dritthalb Stunden, die es dauerte, war der große Saal mit seinen 2000 Menschen und das große Orchester alles so vollkommen auf den einen Punkt, um den sich's handelte, gespannt, daß von den Zuhörern nicht das leiseste Geräusch zu hören war und daß ich mit den ungeheuren Orchester-, Chor- und Orgelmassen vorwärts- und zurückgehen konnte, wie ich nur wollte.« Und – das war wieder charakteristisch für diesen Komponisten: Kaum zurück in Leipzig, setzte er sich sofort an eine gründliche Überarbeitung des so erfolgreichen Oratoriums.

Er leitete Proben und Premiere, obwohl ihm der Arzt schon vorher im Sommer 1846 jedes öffentliche Auftreten strikt untersagt hatte. »Endlich klage ich auch mich selbst an, weil mir das Dirigieren und gar das Spielen geradezu zuwider geworden ist«, schrieb er am 6. Dezember, sich der zunehmenden körperlichen Schwäche sehr wohl bewußt. Eduard Devrient, der ihn unter den Freunden besonders gut und lange kannte, bemerkte besorgt: »Die blühende, jugendfrische Heiterkeit war einem gewissen Überdruß, einer Erdenmüdigkeit gewichen, welche die Lage anders widerspiegelt als sonst.«

Er gab den Klavierunterricht am Leipziger Konservatorium auf und legte Anfang 1847 auch die Leitung der Gewandhauskonzerte nieder, mutete sich aber trotzdem Anfang April seine zehnte Englandreise zu, von der er im Mai völlig erschöpft zurückkehrte und zunächst nach Frankfurt a. M. fuhr. Dort erreichte ihn am 17. Mai die Nachricht vom plötzlichen Tod Fannys. Schreiend brach er zusammen und blieb lange Zeit ohne Bewußtsein. Über die Umstände von Fannys Tod berichtet Devrient:

»In vollem Wohlsein und heiterstem Leben hatte sie am Nachmittage des 14. Mai im Gartensaale eine Gesangprobe zur nächsten Sonntagmusik veranstaltet. Unvorbereitet fühlte sie auf einmal ihre Hände auf den Tasten des Klaviers absterben, mußte einem musikalischen Freunde ihren Platz am Flügel übergeben. – Man probierte fort an den Chören der ›Walpurgisnacht‹, sie hörte aus dem dritten Zimmer durch die geöffneten Türen zu, indessen sie die Hände in heißem Essigwasser badete. ›Wie schön klingt es‹, sagte sie wunderbar erfreut, glaubte sich hergestellt, wollte in den Musiksaal zurück, als eine zweite und allgemeine Lähmung eintrat, das Bewußtsein schwand, und sie nachts um 11 Uhr ausgeatmet hatte.«

Felix Mendelssohn fuhr mit seiner Familie in die Schweiz, um hier Erholung zu finden. Zunächst war er unfähig, auch nur eine einzige Note zu Papier zu bringen. Doch dann schrieb er sein letztes Streichquartett f-moll, ein Requiem zu Fannys Tod, vielleicht sein kühnstes und persönlichstes Werk überhaupt.

Am 17. September war er mit den Seinen wieder in Leipzig. Am 7. Oktober schrieb er seine letzte Komposition: das »Altdeutsche Frühlingslied«. Die Schriftstellerin Elise Polko berichtet von einem Besuch Mendelssohns bei der Sängerin Livia Frege:

»Am 7. Oktober 1847 war es, als Mendelssohn jenes süße, tieftraurige Frühlingslied komponierte, dessen letzter Vers schließt: ›Nur ich allein, ich leide Pein,/Ohn' Ende werd' ich leiden:/Seit ich von dir und du von mir,/O Liebste, mußte scheiden!‹ Da schob er das noch feuchte Blatt von sich und sagte, hastig aufstehend: ›Es ist genug! Sorge dich nun nicht länger, Cécile! Jetzt will ich wirklich nicht mehr schreiben und eine Weile ausruhen!‹ – Zwei Tage darauf brachte Mendelssohn sein neuestes Liederheft seiner musikalischen Freundin Livia Frege. Sie, die ihn so oft mit der Partitur unter dem Arme bei sich eintreten gesehen und ihm dann die halb fertigen Stücke vom Blatt gesungen, sollte ihm nun auch mit ihrer holden Stimme sein ›Abendlied‹ zuerst singen … Mendelssohns übergroße Nervenreizbarkeit trat seit einiger Zeit besonders auffallend hervor, wenn er Musik hörte oder selbst spielte. Sein Gesicht veränderte sich dann und wurde sehr blaß. Auch vermied er größere Musikaufführungen und äußerte wiederholt in jener Zeit: ›Die höchste Freude und der höchste Genuß ist doch eigentlich das Musizieren mit wenigen Freunden. Höchstens ein Quartett Gleichgesinnter – mehr brauchte ich jetzt nicht.‹ – An jenem Tage nun hatte Mendelssohn schon am Morgen sehr viel und anstrengend mit Moscheles und David musiziert und erschien der sorgenden Freundin von allem Anfang an matt und abgespannt. Und sie sang endlich: ›… so reist die Zeit die ganze Nacht,/Nimmt manchen mit, der's nicht gedacht!‹ Da sagte Mendelssohn zusammenschauernd: ›Hu, das klingt traurig! Aber es ist mir auch so zumute!‹ – Dann stand er plötzlich leichenblaß auf und ging hastig auf und ab, über eisige Kälte in den Händen klagend. – Auf die ängstliche und dringende Bitte, nach Hause zu fahren und den Arzt rufen zu lassen, erwiderte er lächelnd, daß ihm ein tüchtiges Spazierenlaufen nützlicher sein würde, und nahm Abschied.«

Das Ende kam rasch, und es war qualvoll. Ferdinand David, der Geiger und Dozent am Leipziger Konservatorium, schrieb am 25. November an den mit Mendelssohn befreundeten englischen Komponisten William Sterndale Bennett: »Wie soll ich es anfangen, Ihnen ein Bild von der letzten traurigen Zeit zu entwerfen? – In Baden-Baden und in der Schweiz fand ich Mendelssohn diesen Sommer tief gebeugt durch den Tod seiner Schwester. Nachdem er sich einigermaßen von dem ersten Schreck erholt hatte, fing er an zu arbeiten, und zwar, wie seine Frau mir erzählte und die vielen nachgelassenen, zum größten Teil in diesem Sommer angefangenen Sachen beweisen, mit beinahe krankhaftem Eifer. – Wenn er tagelang komponiert hatte, lief er wieder mehrere Tage unausgesetzt auf den Bergen herum und kam ganz sonnverbrannt und erschöpft nach Hause, fing gleich wieder an zu komponieren, kurz – er war im höchsten Grade aufgeregt.

Nach seiner Rückkehr hier nach Leipzig war er zwar noch sehr ernst gestimmt, doch gab es auch Tage, wo er sehr heiter war – bis ihn dann bei Frau Dr. Frege, nachdem sie ihm seine neuesten Lieder, die alle melancholischen Inhalts sind, vorgesungen hatte, am Pianoforte das erste Unwohlsein befiel. – Man machte anfänglich nicht viel daraus, obgleich die Symptome (eiskalte Hände und Füße, ausbleibender Puls, mehrstündiges Delirieren) allerdings bedenklich waren. Aber da er vor sieben Jahren hier schon einmal einen ähnlichen Anfall gehabt hatte, von dem er sich bald wieder erholte, so befürchteten wir alle nichts Schlimmes. – Nach einigen Tagen sah ich ihn, fand ihn wieder munter, jedoch sagte er mir: ›Es ist mir so, als ob mir jemand auflauerte, der sagte: Halt, nicht weiter!‹

Zwölf Tage nach dem ersten Anfall war ich zwischen 11 und 12 Uhr bei ihm. Er war ganz munter, wollte in einigen Tagen nach Wien reisen. – Da kam nachmittags der zweite Anfall. Auch von dem erholte er sich wieder, so daß wir, obgleich schon sehr beunruhigt, noch guten Mutes blieben, bis dann sieben Tage nach dem zweiten der dritte Anfall kam, nach welchem er nur noch bis zum Abende des nächsten Tages (4. November) lebte.

Ich werde es nie vergessen, wie Gade zu mir ins Konservatorium kam und mir sagte, daß Mendelssohn von neuem befallen sei und es sich um Leben und Tod handle. Ich rannte gleich hinaus und wurde mit der Nachricht empfangen, daß keine Hoffnung sei. – Da habe ich wohl eine Viertelstunde gebraucht, bis ich gefaßt genug war, hineinzugehen. – Er war ohne Bewußtsein (dies war Mittwoch abends), schrie entsetzlich bis gegen zehn Uhr. Dann fing er an, mit dem Munde zu brausen und zu trommeln, als ob ihm Musik durch den Kopf ginge. Wenn er davon erschöpft war, gab er wieder angstvolles Geschrei von sich und blieb so die ganze Nacht hindurch. – Im Laufe des Tages scheinen die Schmerzen nachgelassen zu haben, aber sein Gesicht war schon das eines Sterbenden. Um 9 ¼ Uhr abends starb er. – Das sanfteste, friedlichste Lächeln war auf seinem Gesichte verbreitet.«

Die Trauerfeier am 7. November (»milder Tag, wie im Frühling«, notierte Robert Schumann) in der Leipziger Paulinerkirche war groß und würdig. Eine von Ignaz Moscheles geschaffene Orchesterfassung des Marsches c-moll aus dem 5. Heft der »Lieder ohne Worte« wurde auf dem Weg zur Kirche gespielt; den Trauergottesdienst begleiteten Chorsätze aus dem Oratorium »Paulus«, den Ausklang bildete der Schlußchor aus der Matthäuspassion: »Wir setzen uns mit Tränen nieder.« Anschließend brachte ein Sonderzug den Sarg nach Berlin, wo er am 8. November – an Fannys Seite – auf dem Dreifaltigkeitsfriedhof beigesetzt wurde. Tragische Ironie: Felix hatte am 14. November des Vorjahrs nicht nach Berlin zu Fannys Geburtstag kommen können und sie damals mit dem Satz getröstet: »Verlaß Dich drauf, das nächste Mal bin ich bei Dir.«

Nachwelt und Nachruhm

Diese ganze Musik der Romantik war überdies nicht vornehm genug, nicht Musik genug, um auch anderswo Recht zu behalten als im Theater und vor der Menge; sie war von vornherein Musik zweiten Ranges, die unter wirklichen Musikern wenig in Betracht kam. Anders stand es mit Felix Mendelssohn, jenem halkyonischen Meister, der um seiner leichteren, reineren, beglückteren Seele willen schnell verehrt und ebenso schnell vergessen wurde: als der schöne Zwischenfall der deutschen Musik.«

Friedrich Nietzsches 1886 in »Jenseits von Gut und Böse« formulierten Sätze haben Felix Mendelssohns Andenken eher geschadet denn genützt, zumal »der schöne Zwischenfall« meist ohne seinen Zusammenhang (eine ungerechte Polemik gegen Carl Maria von Weber und Heinrich Marschner und ihr Opernschaffen) zitiert wird. Aber auch im Kontext bleibt diese Aussage gefährlich, denn sie verklärt Mendelssohn zu einem »halkyonischen Meister«, zur »leichteren, reineren, beglückteren Seele«, zu einem Pastell in Bonbonfarben. Bach ist nicht verantwortlich für das aus seinem Präludium gebildete Ave Maria, Mozart nicht für die Verwüstung der Kleinen Nachtmusik, Schumann nicht für die »Träumerei« als Beerdigungsmusik, Mendelssohn nicht für den plattgewalzten »Hochzeitsmarsch«. Daß heute, im Zeitalter der unablässigen akustischen Berieselung, die längst das Ausmaß einer globalen Umweltverpestung angenommen hat, Musik der Meister mißbraucht wird als Droge, auch als Droge, mit der man etwa den Konsum von Weinbrand, Weichkäse und Waschmitteln befördert, ist ein Faktum, das traurig stimmt, aber die geschändeten Komponisten selbst nicht trifft.

Felix Mendelssohn Bartholdy gehört nicht zu den populärsten Musikern, auch wenn einige seiner Werke in der ganzen Welt zu den meistgespielten zählen. Rundfunkprogramme und Schallplattenkataloge verzeichnen einen recht kleinen Ausschnitt aus seinem Gesamtwerk. Kammermusikabende bieten nicht eben oft seine Streichquartette und noch seltener seine Klaviermusik, die überhaupt zum Unbekanntesten im Œuvre dieses Komponisten zu gehören scheint, obwohl einmal die »Lieder ohne Worte« zum Lieblingsrepertoire des 19. Jahrhunderts zählten. Jeder Klavierschüler durfte sich ungestraft an ihnen vergreifen, sie wurden für Kaffeehausbesetzung arrangiert und für Blaskapelle beim Promenadenkonzert bearbeitet. Die höhnische Bemerkung in einem Gedicht von Detlev von Liliencron entspricht sehr genau der allgemeinen Stimmung: »Es singt ein Lied von Felix Mendelmaier/der lange Leutnant mit dem Ordensbändel«. Der davon angewiderte Dichter endet mit den Worten »... und bade mich daheim in Bach und Händel«. Abgesehen vom antisemitischen Unterton wird hier auch deutlich, wie Mendelssohn um 1900 beurteilt wurde, denn natürlich stand Liliencron mit seiner Verachtung nicht allein. Wie gering dieser Komponist noch heute außerhalb der Musikwissenschaft bewertet wird, demonstrierte im Herbst 1989 das westdeutsche Fernsehen in einem dreißig Minuten währenden Bericht über das Leipziger Gewandhaus und sein Orchester. Während der halben Stunde sprach der Korrespondent zunächst von dem Komponisten »Moses Mendelssohn Bartholdy«, der hier einmal als Dirigent gewirkt habe, und dann noch zweimal von »Moses Mendelssohn«, wobei jedesmal Felix gemeint war. Weder seinem Sender, der dies ausstrahlte, noch der Kritik ist das aufgefallen.

Die Gründe für diese Geringschätzung und Gleichgültigkeit lassen sich nur vermuten. Schon bald nach Mendelssohns Tod begann die ursprüngliche Wertschätzung immer mehr in Mißachtung umzuschlagen. Da dieses Buch Bilder aus dem Leben der Mendelssohns vorstellen möchte, kann hier auf die Rezeptionsgeschichte nicht eingegangen werden, so verlockend das wäre. Denn aus der Rezeption von Felix Mendelssohn und seinem Werk ließe sich eine eigene Geschichte musikalischer Ästhetik ableiten, ließe sich etwa zeigen, in welchem Maße die Lebensumstände eines Komponisten sein Bild bei der Nachwelt bestimmen. Bis heute hat die allgemeine Wertschätzung eines Musikers damit zu tun, wie sehr ihn sogenannte »Schicksalsschläge« heimsuchten. Die populäre Gleichung lautet: Je mehr einer gelitten hat, desto wertvoller seine Kunst. Bis heute verbreiten Filme das Märchen vom lebenslang verkannten und nach seinem Tode sofort vergessenen Johann Sebastian Bach oder von dem im Elend gestorbenen Mozart. Das regt die Phantasie an, und jede Note versieht der Hörer mit einem tragischen Schimmer. Der erfolgreiche Bach-Zeitgenosse Georg

●◆ *Natur! – verlangst du deine Rechte? – Ihr himmlischen Sphären, Heimat der Engel, ruft ihr euren Bruder, den ihr als den eurigen betrachtet, den ihr für zu erhaben haltet, um seinesgleichen unter uns Irdischen zu finden? – Wir halten, wir umklammern ihn noch. Wir hoffen auf die Gnade Gottes: den noch länger unter uns zu haben, der uns als ein Muster des Edlen im Menschen immer geleuchtet hat, der unser Jahrhundert ziert.*

Dir, o Schöpfer, ist es bewußt, warum Du in dieser Seele Schätze des Gemüts angehäuft hast, die die zarte Hülle seines Körpers nur eine beschränkte Zeit zu tragen fähig ist, die sein Dasein zu verkürzen drohn! – Kann unser Flehen nicht diesen Menschen uns erhalten? – Dein Werk ist vollbracht. Du hast uns gezeigt, wie hoch sich der Mensch zu Dir erheben, sich Dir zu nähern vermag! – Keiner ist Dir näher gekommen als er, für dessen Dasein wir zittern. – Laß ihm auch den irdischen Lohn werden! Laß ihn die Liebe zu seiner Lebensgefährtin, die Entwicklung seiner Kinder, die Bande der Freundschaft, die Verehrung der Welt genießen!

Ignaz Moscheles

Niedergeschrieben am 4. November 1847, morgens, in Mendelssohns Wohnung in Leipzig. – Wenige Stunden später starb Mendelssohn.

Eduard Bendemann zeichnete den Freund auf dem Totenbett.

Die »Illustrirte Zeitung« in Leipzig brachte in ihrer Ausgabe vom 20. November 1847 einen ausführlichen Bericht über die Trauerfeier für Felix Mendelssohn Bartholdy am 7. November in Leipzig.

Die »Lieder ohne Worte« – abgebildet ist die erste Ausgabe
des ersten Heftes op. 19 b, London 1832 – machten Mendelssohn besonders populär, aber er stand diesem Erfolg
skeptisch gegenüber. »Wenns gar zu viel solches Gewürm
zwischen Himmel und Erde gäbe, so möchte es am Ende
keinem Menschen lieb sein. Und es wird jetzt wirklich eine
so große Menge Claviermusik ähnlicher Art componirt; –
man sollte wieder einmal einen anderen Ton anstimmen,
meine ich!« schrieb er 1839 dem Verleger.

Venezianisches Gondellied op. 57.5, Text von Thomas Moore, komponiert 1839/42 (Autograph).

Felix Mendelssohn Bartholdy – Relief von Benedict Kietz.

Philipp Telemann ist daher unbeliebt, zumal man ihn dafür verantwortlich macht, daß er zu Lebzeiten populärer war als sein Freund Bach. Auch Joseph Haydn bot keinen Stoff für Künstlertragik. Und wenn schon erfolgreich, so sollte der Künstlerheld doch wenigstens eine schwere Jugend gehabt haben, wie etwa Händel oder Beethoven. Hier nun bietet Felix Mendelssohn das denkbar ungünstigste Bild. Er hat materielle Not nie kennengelernt, ihm flog – scheinbar – alles ganz mühelos zu, das Komponieren war ihm ja auch noch offenbar recht flott von der Hand gegangen, und nie hatte er »dem Schicksal in den Rachen« greifen müssen, zumal das ja auch nie im eingängigen Rhythmus an seine Pforte gepocht hatte. Was also wollte der im Olymp der Unsterblichen?

Ärger noch: der Jude. In jenem Konzert, in dem Mendelssohn die Uraufführung von Schumanns 2. Symphonie dirigierte, stand am Anfang die Ouvertüre zu »Wilhelm Tell« von Rossini. Das Publikum war so begeistert, daß dieses Stück wiederholt werden mußte. Dieser harmlose Vorgang genügte schon dem »Leipziger Tageblatt«, die Wiederholung der Rossini-Ouvertüre als gezielten Affront gegen Schumann zu interpretieren auf Grund »mosaischer« Interessen des Dirigenten. Diese Logik nimmt sich zwar recht verwegen aus, zumal Mendelssohn und Schumann befreundet waren, aber den Dirigenten verletzte der Vorwurf dermaßen, daß er nur mit Mühe zu bewegen war, elf Tage später Schumanns Symphonie ein weiteres Mal zu dirigieren.

Diese antisemitischen Ressentiments verstand Richard Wagner mit infamer Geschicklichkeit zu nutzen. Solange Mendelssohn lebte, überbot sich Wagner in Bewunderung und Devotion, aber 1850 erschien sein Pamphlet »Das Judentum in der Musik«, worin er über Felix Mendelssohn schrieb: »Dieser hat uns gezeigt, daß ein Jude von reichster spezifischer Talentfülle sein, die feinste und mannigfaltigste Bildung, das gesteigertste, zartempfindende Ehrgefühl besitzen kann, ohne durch die Hilfe aller dieser Vorzüge es je ermöglichen zu können, auch nur ein einziges Mal die tiefe, Herz und Seele ergreifende Wirkung auf uns hervorzubringen, welche wir von der Kunst erwarten, weil wir sie dessen fähig wissen, weil wir diese Wirkung zahllos oft empfunden haben, sobald ein Heros unsrer Kunst, so zu sagen, nur den Mund auftat, um zu uns zu sprechen.« Kaum hatte Wagner das Zeichen gegeben, stimmte sich die an Mendelssohn geübte Kritik auf diese Tonart ein. Wenn die ständigen Vorwürfe von Mendelssohns formaler Glätte, Sentimentalität und Mangel an Tiefe heute seltener ausgesprochen werden und meist dann auch gedämpfter, so scheint dabei nicht so sehr die Einsicht in die Unsinnigkeit solcher Vorwürfe, sondern eher das schlechte Gewissen mitzuspielen, das sich gegenüber einem Opfer des Hitler-Regimes unbehaglich fühlt.

Das Hitler-Reich nahm Richard Wagner, Lieblingskomponist des »Führers«, beim Wort und verfemte Mendelssohn. Neues hatten seine Agitatoren nicht vorzubringen, sie bedienten sich der Anwürfe des 19. Jahrhunderts. So schrieb ein Otto Schumann in seiner 1940 erschienenen »Geschichte der deutschen Musik«: »Die fast ein Jahrhundert während Mendelssohn-Schwärmerei ist um so unbegreiflicher, als zu allen Zeiten Männer aufstanden, denen seine Musik allzu glatt erschien, ein Urteil, das auch die unentwegtesten Mendelssohn-Verehrer nicht bestritten. Der Fehler lag wohl darin, daß man sich mit der Feststellung des ›Allzu Glatten‹ zufriedengab und nicht weiter forschte, welche Rückschlüsse sich daraus ziehen lassen. Hätte Mendelssohn eine Musik geschrieben, die seiner rassenseelischen Beschaffenheit entsprach, dann könnte sich vielleicht das Judentum eines großen Komponisten rühmen. Da er aber einen solchen echten Stil nicht aufzubringen vermochte, erschöpfte er sich in Nachbildung deutscher Eigentümlichkeit. Diese wiederum konnte er aus rassischen Ursachen nicht von innen erfassen und war daher triebhaft bestrebt, die äußeren Erscheinungsformen um so sorgfältiger nachzuzeichnen. So erklärt sich das bloß Gefällige seiner Musik, ihre fließende Glätte und mangelnde Tiefenwurzelung, so erklärt sich vor allem auch seine kampflose Unentschiedenheit gegenüber dem Zwiespalt Romantik-Klassizismus. Mendelssohn erschaute die künstlerischen Fragen seiner Zeit mit wachem Verstand und kühlem Herzen, das konnte er, weil sie ihn als Fremdrassigen im Grunde nicht bewegten.«

Zwölf Jahre lang durfte in Deutschland Musik von Mendelssohn nicht gespielt werden; auch den Kirchen war es strikt verboten, geistliche Musik von ihm aufzuführen. Das 1892 errichtete Mendelssohn-Denkmal vor dem Leipziger Gewandhaus wurde 1936 nachts in aller Stille abgebrochen, worauf der Leipziger Oberbürgermeister Carl Goerdeler, der zu dieser Zeit gerade auf Reisen war, seinen Rücktritt erklärte. Sogar der Volkswitz griff das Thema auf. Nach dem Reimschema des höchst populären Bilderbuchs »Zehn kleine Negerlein« wurde parodiert: »Fünf kleine Negerlein spielten einst Klavier,/Eines spielte Mendelssohn, da waren's nur noch vier.«

Einige Kopfschmerzen bereitete den deutschen Theatern das Verbot der Mendelssohnschen Musik darum, weil nun auch seine Komposition zu Shakespeares »Sommernachts-traum« nicht mehr gespielt werden durfte. Es hatte zwar schon vor 1933 immer wieder Versuche gegeben, musikali-sche Alternativen zu bieten, und Komponisten wie August Halm, Ernst Křenek, Christian Lahusen, Alexander Laszlo, Bernhard Paumgartner und Ernst Roters hatten eine neue Bühnenmusik geschrieben, doch keine konnte sich gegen Mendelssohn durchsetzen. Das schreckte die neuen Macht-haber nicht ab. Nachdem man gelegentlich auf Barockmusik zurückgegriffen hatte (Henry Purcells Musik zu der Shake-speare-Adaption »The Fairy Queen« war am beliebtesten), traten – vom NS-Regime ausdrücklich dazu ermuntert – neue Komponisten vor, u. a. Eduard Nick, Carl Orff, Ru-dolf Wagner-Régeny, Julius Weismann, Winfried Zillig. Fred K. Prieberg hat in seiner Untersuchung »Musik im NS-Staat« den Kampf der musikalischen Mittelmäßigkeit gegen die Musik Mendelssohns eindrucksvoll dokumentiert und gezeigt, daß nicht eine einzige der neuen »Sommer-nachtstraum«-Musiken die Chance besaß, Mendelssohns Meisterwerk zu ersetzen, als 1945 der antisemitische Terror sein Ende fand.

In den letzten Jahrzehnten sind viele bislang unpubli-zierte Kompositionen Mendelssohns veröffentlicht worden, hat sich eine ausgedehnte wissenschaftliche Erforschung entwickelt. Dennoch fehlt bis heute eine Gesamtausgabe seiner Korrespondenz. Der Versuch dazu wurde 1968 mit dem ersten Band einer solchen Gesamtausgabe begonnen (»Briefe an deutsche Verleger«), ist aber dann nicht mehr fortgesetzt worden. Ebenso fehlt eine wissenschaftliche Ge-samtausgabe der Briefe, Tagebücher und Kompositionen Fannys. Die früher (nicht immer zuverlässig) edierten Korrespondenzen sind seit langem vergriffen und im Antiquariat selten geworden. Ebenso fehlt eine umfassende Dokumentation all jener Zeugnisse, in denen Freunde und Bekannte Mendelssohns über den Komponisten berichten. Manches scheint bis heute aus Familienrücksichten von den Nachkommen zurückgehalten worden zu sein. Für unser Mendelssohn-Bild bedeutet das: Wir müssen mit einem stark übermalten, vielfach retuschierten Portrait vorliebnehmen. Sollte einmal die Gesamtkorrespondenz der Eltern und Geschwister von Felix – und erst recht natürlich auch die seine – vorliegen, so dürfte das Erscheinungsbild wohl nicht mehr ganz so harmonisch ausfallen. Daß Sebastian Hensels schöne Familienchronik doch wohl sehr auf ein allgemeines Harmoniebedürfnis Rücksicht nahm (und selbst er bekam schon Ärger mit der Verwandtschaft), wird zumindest allgemein vermutet. Korrigieren kann man es aber nicht mit einzelnen Brieffunden, die seither ans Licht gekommen sind, sondern nur mit der Veröffentlichung aller Materialien. Der Vorwurf des »allzu Glatten« trifft nicht Mendelssohns Musik, trifft aber leider mit einigem Recht das tradierte Mendelssohn-Bild, soweit es sich auf die Biographie und ihre Grundlagen bezieht. Hier sind mit Sicherheit noch Entdeckungen und Überraschungen möglich. Das mag zu Lasten des »halkyonischen Meisters« gehen, aber ein kräftiger Anteil von Erdennähe wäre ja nicht das Schlechteste.

Anhang

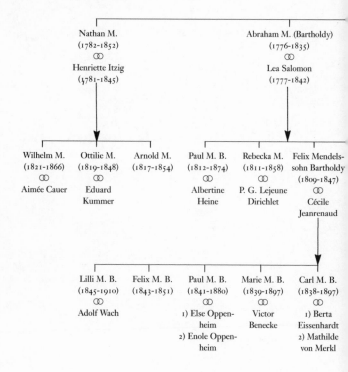

Nathan M.
(1782-1852)
⚭
Henriette Itzig
(1781-1845)

Abraham M. (Bartholdy)
(1776-1835)
⚭
Lea Salomon
(1777-1842)

Wilhelm M.
(1821-1866)
⚭
Aimée Cauer

Ottilie M.
(1819-1848)
⚭
Eduard
Kummer

Arnold M.
(1817-1854)

Paul M. B.
(1812-1874)
⚭
Albertine
Heine

Rebecka M.
(1811-1858)
⚭
P. G. Lejeune
Dirichlet

Felix Mendels-
sohn Bartholdy
(1809-1847)
⚭
Cécile
Jeanrenaud

Lilli M. B.
(1845-1910)
⚭
Adolf Wach

Felix M. B.
(1843-1851)

Paul M. B.
(1841-1880)
⚭
1) Else Oppen-
heim
2) Enole Oppen-
heim

Marie M. B.
(1839-1897)
⚭
Victor
Benecke

Carl M. B.
(1838-1897)
⚭
1) Berta
Eissenhardt
2) Mathilde
von Merkl

Die Mendelssohns

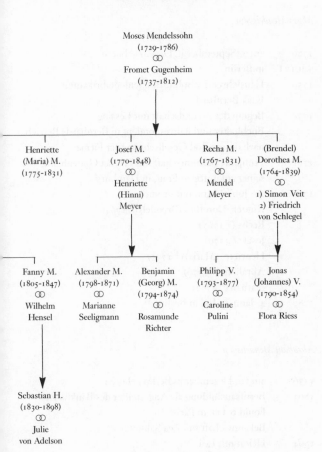

Moses Mendelssohn
(1729-1786)
∞
Fromet Gugenheim
(1737-1812)

Henriette (Maria) M. (1775-1831)	Josef M. (1770-1848) ∞ Henriette (Hinni) Meyer	Recha M. (1767-1831) ∞ Mendel Meyer	(Brendel) Dorothea M. (1764-1839) ∞ 1) Simon Veit 2) Friedrich von Schlegel

Fanny M. (1805-1847) ∞ Wilhelm Hensel	Alexander M. (1798-1871) ∞ Marianne Seeligmann	Benjamin (Georg) M. (1794-1874) ∞ Rosamunde Richter	Philipp V. (1793-1877) ∞ Caroline Pulini	Jonas (Johannes) V. (1790-1854) ∞ Flora Riess

Sebastian H.
(1830-1898)
∞
Julie
von Adelson

Zeittafel

Moses Mendelssohn

1729	am 6. September in Dessau geboren
seit 1743	in Berlin
1750	Hauslehrer der Söhne des Seidenfabrikanten Isaak Bernhard
1754	Beginn der Freundschaft mit Lessing Buchhalter und Korrespondent in Bernhards Betrieb, nach dessen Tod Gesellschafter der Firma
1761	Frühjahr: Bekanntschaft mit Fromet Gugenheim, seiner zukünftigen Frau, in Hamburg
1762	22. Juni: Heirat mit Fromet Kinder: Dorothea (Brendel) (* 1764) Recha (* 1767) Josef (* 1770) Henriette (Maria) (* 1775) Abraham (* 1776) Nathan (* 1782)
1786	4. Januar: Tod in Berlin

Abraham Mendelssohn

1776	am 10. Dezember in Berlin geboren
1803	Berufsausbildung als Angestellter des Bankhauses Fould & Co. in Paris Bekanntschaft mit Lea Salomon
1804	Heirat mit Lea Kinder: Fanny (* 1805) Felix (* 1809) Rebecka (* 1811) Paul (* 1812)

seit 1804 in Hamburg
1811   Abreise aus Hamburg, Wohnsitz in Berlin
1816   21. März: christliche Taufe der Kinder
1835   19. November: Tod in Berlin

Fanny Mendelssohn

1805   am 14. November in Hamburg geboren
1822   Mai bis November: Komposition des Klavierquartetts
          As-dur
1827   Veröffentlichung der Lieder op. 8 von Felix, darin drei
          von Fanny
1829   3. Oktober: Heirat mit dem Maler Wilhelm Hensel
1830   16. Juni: Geburt des Sohnes Sebastian
1831   November: Vollendung des Oratoriums nach Worten
          der Bibel
1834   August bis Oktober: Komposition des Streichquartetts
          Es-dur
1838   27. Februar: Erstes (und einziges) öffentliches
          Auftreten als Pianistin in Berlin
1839   4. September: Beginn der ersten Italien-Reise
1840   September: Rückkehr nach Berlin
1841   August: Komposition von »Das Jahr« für Klavier
1843   September: Komposition der Sonate g-moll für Klavier
1845   Januar bis August: Zweite Italien-Reise
1846   Februar bis September: Komposition der 17 »Garten-
          lieder«
          August: Komposition des Klaviertrios d-moll
1847   14. Mai: Tod in Berlin

Felix Mendelssohn Bartholdy

1809	am 3. Februar in Hamburg geboren
1811	Übersiedlung der Familie nach Berlin
1814	erster Musikunterricht bei der Mutter
1816	mehrmonatiger Aufenthalt in Paris
1819	Felix M. wird Schüler von C. F. Zelter
1820	Eintritt in die Berliner Singakademie
1821	4. November: erster Besuch bei Goethe in Weimar
1822	Juli bis Oktober: Schweizer Reise der Familie
	Erste Sonntagsmusiken im Elternhaus
1825	März bis Mai: Reise mit dem Vater nach Paris
	Die Familie bezieht in Berlin das Haus an der Leipziger Straße 3
1826	Ouvertüre zum »Sommernachtstraum«
1827	20. Februar: erste öffentliche Aufführung der Ouvertüre zum »Sommernachtstraum« in Stettin
	In Heidelberg Begegnung mit Anton Friedrich Justus Thibaut
	Immatrikulation an der Berliner Universität
1829	11. März: Wiederaufführung von Bachs »Matthäuspassion« in der Berliner Singakademie
	10. April: Abreise nach England und Schottland
	Dezember: Rückkehr nach Berlin
1830	Mai-Juni: letzter Besuch bei Goethe
	8. Mai: Beginn der großen Europa-Reise mit der Route: Leipzig-Weimar-Nürnberg-München-Salzburg-Wien-Venedig-Bologna-Florenz-Rom
1831	Fortsetzung der Reise: Neapel-Rom-Florenz-Genua-Mailand-Genf-Interlaken-Luzern-St. Gallen-Augsburg-München-Stuttgart-Düsseldorf-Paris
1832	Paris (bis April), dann London
	Juni: Heimkehr nach Berlin
1833	Januar: Mißlungene Bewerbung um Zelters Nachfolge

	als Leiter der Berliner Singakademie
	Mai: Berufung nach Düsseldorf als Dirigent
1835	Berufung nach Leipzig als Leiter der Gewandhaus-
	konzerte. Erstes von M. geleitetes Konzert am
	4. Oktober
	19. November: Tod des Vaters in Berlin
1836	Frühjahr: Gastspiel als Dirigent in Frankfurt
	Bekanntschaft mit Cécile Jeanrenaud, seiner späteren
	Frau
	9. September: Verlobung
1837	28. März: Heirat mit Cécile in Frankfurt
	Hochzeitsreise ins Badische und ins Rheinland
	Im Herbst wieder in Leipzig tätig
1839	Leitung des Niederrheinischen Musikfestes in Leipzig
1841	Sommer bis 1842 (Frühjahr) in Berlin
1842	Siebte Reise nach England, wo F. M. von der Königin
	Victoria empfangen wird
	12. Dezember: Tod der Mutter in Berlin
1843	3. April: Eröffnung des auf F. M.s Veranlassung
	gegründeten Konservatoriums in Leipzig
	24. Oktober: erste Aufführung von Shakespeares
	»Sommernachtstraum« mit M.s Musik im Neuen
	Palais in Potsdam
1844	Endgültiger Verzicht auf ein Wirken in Berlin
1845-1847	teilweise längere Aufenthalte in Frankfurt a. M.
1846	26. August: erste Aufführung des »Elias« in
	Birmingham
1847	14. Mai: Tod der Schwester Fanny in Berlin
	Sommer: mit dem Bruder Paul und den beiden
	Familien in Baden-Baden und der Schweiz
	Herbst: Rückkehr nach Leipzig
	4. November: F. M. stirbt in Leipzig
	7. November: Beisetzung in der Familiengruft auf dem
	Friedhof der Jerusalemerkirche in Berlin

Literatur

Blume, Friedrich: Goethe und die Musik. Kassel 1948

Devrient, Eduard: Meine Erinnerungen an Felix Mendelssohn Bartholdy und seine Briefe an mich. Zweite Auflage. Leipzig 1872

Franken, Franz Hermann: Krankheit und Tod großer Komponisten. Baden-Baden 1979

Hensel, Sebastian: Die Familie Mendelssohn 1729-1847. Nach Briefen und Tagebüchern. 13. Auflage. Berlin 1906

Herwig, Wolfgang (Hg.): Goethes Gespräche. Eine Sammlung zeitgenössischer Berichte aus seinem Umgang auf Grund der Ausgabe und des Nachlasses von Flodoard Freiherrn von Biedermann, ergänzt u. hg. 5 Bände. Zürich 1965-1987

Jacob, Heinrich Eduard: Felix Mendelssohn und seine Zeit. Bildnis und Schicksal eines Meisters. Frankfurt a. M. 1959

Knobloch, Heinz: Herr Moses in Berlin. Ein Menschenfreund in Preußen. Das Leben des Moses Mendelssohn. 2. Auflage. Berlin 1987

Konold, Wulf: Felix Mendelssohn Bartholdy und seine Zeit. o. O. 1984

Krummacher, Friedrich: Mendelssohn – der Komponist. Studien zur Kammermusik für Streicher. München 1978

Mendelssohn Bartholdy, Felix: Briefe aus den Jahren 1830 bis 1847. Zwei Bände. Hg. v. Paul Mendelssohn Bartholdy. Leipzig 1863/64

Mendelssohn Bartholdy, Felix: Briefe. Hg. v. Rudolf Elvers. Frankfurt a. M. 1984

Mendelssohn Bartholdy, Felix: Eine Reise durch Deutschland, Italien und die Schweiz. Briefe, Tagebuchblätter, Skizzen. Mit einem Lebensbild Mendelssohns und seiner Familie hg. v. Peter Sutermeister. Tübingen 1979

Mendelssohn, Moses: Brautbriefe. Mit einer Einführung von Ismar Elbogen. Königstein 1985

Mendelssohn, Moses: Selbstzeugnisse. Ein Plädoyer für Gewissensfreiheit und Toleranz. Hg. v. Martin Pfeideler. Tübingen 1979

Petitpierre, Jacques: Le mariage de Mendelssohn. Lausanne 1937

Prieberg, Fred K.: Musik im NS-Staat. Frankfurt a. M. 1982

Reich, Willi: Felix Mendelssohn im Spiegel eigener Aussagen und zeitgenössischer Dokumente. Zürich 1970

Rellstab, Ludwig: Aus meinem Leben. Berlin 1861

Rieger, Eva: Frau, Musik und Männerherrschaft. Zum Ausschluß der Frau aus der deutschen Musikpädagogik, Musikwissenschaft und Musikausübung. Berlin 1981

Schneider, Max F.: Felix Mendelssohn Bartholdy. Denkmal in Wort und Bild. Basel 1947

Schneider, Max F.: Ein unbekanntes Mendelssohn-Bildnis von Johann Peter Lyser. Basel 1958

Schuhmacher, Gerhard (Hg.): Felix Mendelssohn Bartholdy. Darmstadt 1982

Weissweiler, Eva: Fanny Mendelssohn. Ein Portrait. Berlin 1985

Weissweiler, Eva: Komponistinnen aus 500 Jahren. Eine Kultur- und Wirkungsgeschichte in Biographien und Werkbeispielen. Frankfurt a. M. 1981

Werner, Eric: Mendelssohn. Leben und Werk in neuer Sicht. Zürich 1980

Worbs, Hans Christoph: Felix Mendelssohn Bartholdy in Selbstzeugnissen und Bilddokumenten. Reinbek 1974

Zelter, Carl Friedrich: Darstellungen seines Lebens. Zum ersten Mal vollständig nach den Handschriften hg. v. Johann-Wolfgang Schottländer. Weimar 1931

Register

Zu dieser Ausgabe

insel taschenbuch 1523
Eckart Kleßmann, Die Mendelssohns
Bilder aus einer deutschen Familie

Der vorliegende Text folgt der Ausgabe Eckart Kleßmann, »Die Mendelssohns. Bilder aus einer deutschen Familie«. Artemis Verlag Zürich und München 1990.

Bildnachweis: Archiv für Kunst und Geschichte, Berlin 118; Deutsche Staatsbibliothek Berlin 106; Staatsbibliothek Preussischer Kulturbesitz (Mendelssohn-Archiv / Nationalgalerie / Handschriftenabteilung), Berlin 14, 24, 36, 37, 46, 53, 54, 55, 61, 64, 69, 73, 77, 78, 79, 80, 82, 88, 89, 94, 97, 102, 103, 104, 105, 107, 119, 120, 121, 122, 125, 126, 129, 137, 144, 149, 152, 153, 160, 161, 162, 163, 168, 169, 170, 171, 180, 197, 203, 216, 217, 218, 224, 225, 226, 229, 230, 231, 232, 233, 238, 239, 246, 247, 248, 254, 256, 257, 258, 259, 260, 261, 262, 263, 265, 270, 271, 272, 273, 275, 276, 277, 287, 288, 289; Staatliche Kunstsammlungen, Dresden 164; Städelsches Kunstinstitut, Frankfurt a. M. 71; Kurpfälzisches Museum der Stadt Heidelberg 138; Landesmuseum, Mainz 72; Bodleian Library, Oxford 123, 124o., 124u., 127, 155, 195, 274; Musée du Louvre, Paris 136; Statens konstmuseer, Stockholm 264; Thomas Wach, Thalwil 96; The Library of Congress, Washington 210; Stiftung Weimarer Klassik, Weimar 181; Museen der Stadt Wien (Historisches Museum) 70; Herzog August Bibliothek, Wolfenbüttel 22, 47, 48; Zentralbibliothek, Zürich 255.